Fritz Fischaleck

# Lass uns miteinander reden

# HERDER spektrum

Band 5294

## Das Buch

Liebesglück auf Dauer – das funktioniert nur, wenn beide Partner offen, lebendig und konstruktiv miteinander reden. Jeder weiß das; im Alltag ist es aber nicht immer so leicht umzusetzen. So redet man aneinander vorbei, missversteht einander – und aus dem anfänglichen Miteinander wird vielleicht allmählich ein Neben- oder sogar Gegeneinander. Wie lässt sich wieder zu Vertrautheit und Lebendigkeit zurückfinden?

Der Autor, erfahrener Eheberater und Paartherapeut, zeigt: Damit der Weg zu zweit gelingt, sollte jeder der beiden Partner sich auch des eigenen Weges bewusst sein – vor und während der Beziehung. Oft unausgesprochenen Vorstellungen und Bedürfnisse lassen sich im partnerschaftlichen Gespräch klären und besser verstehen. So können Missverständnisse vermieden werden. Und es können Lösungen für den ganz normalen Alltag gefunden und verwirklicht werden, wenn es darum geht: Wie sollen Kinder erzogen werden? Wie ist mit den Eltern des anderen umzugehen? Wie kann Sexualität befriedigend gelebt werden? Wer macht was im Haushalt? Das alles zu regeln, trägt zum gemeinsamen Wohl bei.

Wie ist es zu schaffen, dass aus dem anfänglichen Verliebtsein eine dauerhafte Liebe wird, die Freiheit erlaubt und die Weiterentwicklung beider Partner fördert? Einander zu verstehen, Lösungen zu suchen und diese auch umzusetzen erfordert eine offene, klare und faire Kommunikation. Ein gesonderter Teil des Buches liefert dazu eine Vielzahl von Anregungen und Hilfen. Zum „Handwerkszeug" gehört etwa: Bedürfnisse und Gefühle offen und klar ausdrücken. Nähe und Vertrautheit herstellen, Lebendigkeit entstehen lassen. Aber auch: Schwächen zeigen lernen, den anderen an seinen Fantasien und Sehnsüchten, Sinnfragen und spirituellen Ideen teilhaben lassen. Für all das gibt es zahlreiche konkrete Gesprächs- und Handlungsstrategien direkt aus der Praxis der Autors – einige davon bislang unbekannt. Hinweise auf Möglichkeiten professioneller Hilfe in Eheberatung und Kommunikationstrainings schließen das Buch ab. Der umfassende Ratgeber für das Leben zu zweit – für viele kleine Glücksmomente und die große Liebe.

## Der Autor

Fritz Fischaleck, Dr. phil., Psychologe und Eheberater, geb. 1938 in München, verheiratet, drei Kinder. Ursprünglich Bankkaufmann, dann Studium der Psychologie und Philosophie. Ausgedehnte private Studienreisen nach Ostasien und Südamerika. Ausbildung zum Eheberater und Therapeuten am Institut für Ausbildung und Forschung in Kommunikationstherapie, München. Zusatzausbildungen in Verhaltenstherapie und Körperarbeit. Seit 1974 Leitung mehrerer Beratungsstellen der Ehe-, Partnerschafts- und Familienberatung München. Langjährige Erfahrung in der Ausbildung von Eheberatern.

Fritz Fischaleck

# Lass uns miteinander reden

Offenheit und Fairness
in der Partnerschaft

HERDER

FREIBURG · BASEL · WIEN

Gedruckt auf umweltfreundlichem,
chlorfrei gebleichtem Papier
Originalausgabe

Alle Rechte vorbehalten – Printed in Germany
© Verlag Herder Freiburg im Breisgau 2003
www.herder.de
Satz: Rudolf Kempf, Emmendingen
Herstellung: fbg · freiburger graphische betriebe 2003
www.fgb.de
Umschlaggestaltung und Konzeption:
R·M·E München / Roland Eschlbeck, Liana Tuchel
Umschlagmotiv: © Mauritius
Illustrationen (außer Abb. 7): Sebastian Huber, Breitbrunn
ISBN 3-451-05294-6

# Inhalt

# Vorwort

„*Wir können nicht miteinander reden*" gehört zu den häufigsten Klagen, die ich in der Eheberatung täglich zu hören bekomme. Genaueres Nachfragen allerdings ergibt, dass es sich um ein Thema mit Variationen handelt. Ganz oben in der Rangordnung steht das „*große Schweigen*", das zu einem kalten Nebeneinanderher in der Beziehung führt, dicht gefolgt von ständigem verletzenden *Streiten*, das häufig eskaliert. Etwas abgeschlagen rangiert ein unfruchtbares *Diskutieren*, bei dem man sich hoffnungslos im Kreise dreht und aneinander vorbeiredet. Was aber allen drei Varianten gemeinsam ist: Keiner *hört* dem andern ernsthaft *zu*.

Kennen vielleicht auch *Sie* einiges von dem Geschilderten aus Ihrer augenblicklichen Beziehung oder aus Ihrer Kindheit?

Ich selbst habe in meinem Elternhaus meist eisiges Schweigen erlebt, das mich verunsicherte, weil ich nie genau wusste, woran ich war. So war sogar eine gelegentliche Auseinandersetzung geradezu eine Wohltat für mich. Vielleicht kommt von daher meine Vorliebe für das Streiten – soweit es fair abläuft.

Viele Jahre später, als ich auf ausgedehnten Reisen einige Zeit in Japan lebte, war es wieder einmal dieses – wenn auch um einiges freundlichere – Schweigen, das mir zu schaffen machte. Da ich mich ernsthaft um Toleranz bemühte, konnte ich nachvollziehen, dass Menschen in einem derart dicht bevölkerten Land ihre Gefühle hinter einer Fassade des Lächelns verstecken und sich – bei einem ausgeprägten Bedürfnis nach sozialer Zugehörigkeit – scheuen, Konflikte offen auszutragen. Doch trotz allen Verständnisses: Dieses indirekte, alles „durch die Blume Sagen" erlebte ich im Alltag, bei meinen Geschäften und nicht zuletzt in einer Zweierbeziehung als so quälend, dass sich in mir eine tiefe Sehnsucht aufbaute nach einem ganz anderen Umgangs- und Gesprächsstil: *offen, direkt, schnörkellos* reden. So waren meine Tage dort gezählt.

Was daran deutlich wird: Kommunikation ist nicht etwas, was zum Leben lediglich hinzu kommt, was beliebig austauschbar wäre. Die Sprache spiegelt vielmehr wider, welches Menschenbild, welchen Lebensentwurf man hat, und – davon untrennbar – wie man sich das Zusammenleben mit andern vorstellt.

Die in diesem Buch beschriebene Art des Miteinander-Redens kann man insofern „partnerschaftlich" nennen, als sie eben das „partnerschaftliche Beziehungsmodell" ausdrückt: Was aber ist unter Partnerschaft zu verstehen – wenn sie mehr als eine Floskel sein soll? Ich will es zu erklären versuchen.

Also: Da finden sich zwei relativ *eigenständige* und *gleichwertige* Personen. Ihre Zusammenarbeit und ihr Zusammenleben *handeln sie gemeinsam aus* und raufen sich beim Auftreten von Konflikten schließlich zusammen – selbstbewusst, aber auch *fair*.

Jeder führt nach wie vor ein ausgeprägtes Eigenleben, was ihn aber nicht hindert, zur rechten Zeit intensive *Nähe* zum Partner zu suchen. Dieses dynamische Hin und Her gibt der Beziehung eine besondere *Lebendigkeit*. Insgesamt: Beide bleiben nicht einfach so beisammen, sondern suchen und *finden sich immer wieder neu*.

Entsprechend fällt auch ihr Miteinander-Reden aus: Einerseits spricht jeder klar und selbstbewusst seine Wünsche aus in Form sog. *Ich-Botschaften*. Doch selbst bei Streit und Ärger verletzt man einander nicht.

Andererseits aber zeigt sich jeder dem anderen offen auch mit seinen Schwächen und seiner Verletzlichkeit, verzichtet also auf Tarnung und Fassade. Man steht zu sich, auch wenn man ängstlich, sorgenvoll, traurig, unzufrieden ist … und vertraut diese Gefühle dem Partner an. Das gilt auch für die Zuneigung zum anderen, die man spontan und ohne Scheu ausdrückt.

Ich gebe zu – mich fasziniert auch heute noch, wie vielseitig ein solches Zusammensein ist, wie für alles Platz ist: für Hartes und Weiches, für Freiheit und Nähe, für Streit und für Versöhnung.

Dieses Beziehungsmodell „Partnerschaft" ist jedoch nur *eine* von vielen Möglichkeiten, wie Menschen ihr Zusammenleben gestalten. Und keines der unterschiedlichen Beziehungsmodelle ist richtig oder falsch, besser oder schlechter als das andere, auch wenn jedes seine besonderen Vor- und Nachteile aufweist.

Allerdings müsste man herausfinden, welches Modell wo funktioniert und wo nicht, wie uns die bekannte Familientherapeutin Carole Gammer in ihren Ausbildungsseminaren immer wieder einschärfte.

Da jedoch scheinen wir in unseren Breiten auf die Dauer um dieses Partnerschaftsmodell mit den Ideen von Gleichberechtigung und Freiheit nicht mehr herumzukommen. Jahraus, jahrein erlebe ich in der Eheberatung in steigendem Maße, wie Beziehungen, die unter nicht-partnerschaftlichen Vorzeichen begannen, über kurz oder lang von den Betreffenden in Frage gestellt werden. Die Klienten selbst wollen so etwas wie Partnerschaft entwickeln und die entsprechende offene, eindeutige und faire Gesprächsform praktizieren. So gerate ich gar nicht in die Gefahr des Missionierens. Ich brauche lediglich den Ratsuchenden bei ihrem Vorhaben behilflich zu sein, wozu ich jedoch gern und aus Überzeugung bereit bin.

Allerdings sind es meist die *Frauen,* die den ersten Schritt tun und entsprechende Erwartungen an ihre Männer haben, etwa der Art:

– Männer sollten sie im Alltag stärker unterstützen und einen fairen Umgangsstil praktizieren.
– Sie sollten sich emotional öffnen und Gefühle zeigen.
– Sie sollten besser zuhören lernen, statt abzuwerten oder schnelle Lösungsvorschläge von sich zu geben.

So ist es – wie ich auf den nächsten Seiten ausführlich beschreibe – sehr anstrengend für „uns *Männer"* geworden.

Auch ich war am Anfang meiner Ehe massiv mit solchen Forderungen konfrontiert und musste mich wohl oder übel an die Arbeit machen. In zahlreichen Selbsterfahrungsseminaren und Trainingsgruppen gelang es mir allmählich, meinen früheren mal ironischen, mal vorwurfsvollen Ton abzubauen und ein wenig besser zuzuhören. Auch meine Schwächen offen einzugestehen und entsprechende Gefühle zuzugeben, fiel mir zunehmend leichter. Überraschend war für mich, dass mir dabei der „harte Mann" in mir, auf den ich so stolz war, keineswegs abhanden kam. Wenn ich heute zurückblicke, kann ich feststellen: Das alles hat mir nicht nur nicht geschadet, hat mir nicht nur keinen Zacken aus meiner männlichen Krone gebrochen, sondern im Gegenteil: Ich konnte meinen Horizont und meine Lebensstrategien ungemein erweitern und habe alles in allem als Mann auf der ganzen Linie nur gewonnen – nicht zuletzt auch eine zufriedenere Partnerin.

Realität ist: Partnerschaft *muss* man heutzutage lernen, will man ein Scheitern der Beziehung verhindern. Partnerschaft *kann* man aber – vorausgesetzt, man bejaht grundsätzlich das dahinter stehende Menschenbild – auch lernen. Allerdings nicht so auf die Schnelle. Und der Weg dorthin läuft weitgehend über ein Einüben und Praktizieren der entsprechenden Kommunikation.

Auch wenn man zunächst relativ oberflächlich mit dem Erlernen bestimmter Formulierungen beginnt – bald müsste sich der *Geist der Partnerschaft* hinzuentwickeln, die Energie von Offenheit und Selbstbewusstsein, aber auch von Fairness, Geduld und Toleranz. Nur so bleiben die eingeübten Worte nicht bloße Floskeln, sondern werden zunehmend echt und stimmig. Dabei kann man allmählich seine eigene, ganz persönliche Art des Redens finden. Dann ist auch genügend Platz für Humor, für eine Anspielung und Ähnliches.

Was ich jedoch täglich in der Eheberatung erlebe: Mit gutem Willen allein kommt man nicht weit. Es braucht eine starke *Motivation* und eine ausgeprägte *Selbstdisziplin*. Zum einen: Gutes Gesprächsverhalten muss so *intensiv geübt* sein, dass es in Fleisch und Blut übergeht, weil man in kritischen Situationen keine Zeit zum Nachdenken hat. Zum anderen: Die unweigerlich auftauchenden, meist unbewussten Widerstände müssen mit viel Geduld und gegebenenfalls mit professioneller Hilfe aufgelöst werden.

Übrigens ist es keine Schande, *selbst den ersten Schritt* zur gewünschten Veränderung der Beziehung zu tun, statt darauf zu warten, dass der Partner sich ändert. Der wird dann häufig mit etwas Verzögerung nachziehen.

Wenn man so allmählich einen effektiven partnerschaftlichen Gesprächsstil lernt, braucht man gar nicht allzu viel zu reden, geschweige denn ständig zu diskutieren oder alles zu zerreden. Mit wenigen Worten lässt sich das Wesentliche auf den Punkt bringen, sodass genügend Raum bleibt auch für ein manchmal wohltuendes Schweigen oder für ein Reden ohne Worte – mit einem Blick, einer Geste.

Ich hoffe, es gelingt mir in dem vorliegenden Buch, *Ihnen* das Partnermodell und das dazugehörige partnerschaftliche Miteinander-Reden etwas näher zu bringen. Um komplizierte Sachverhalte verständlich zu machen, habe ich überall Alltagsbeispiele angefügt.

Manchen Fachmann mögen einige unübliche Methoden befremden. Ich habe jedoch all das über Jahre selbst ausprobiert und bin neugierig auf Austausch, ja auch auf Kritik, sofern sie ebenfalls auf persönlichen Erfahrungen und nicht auf Vorurteilen beruht.

Jetzt lade ich *Sie* auf eine gemeinsame Reise durch die Welt der Partnerschaft ein. In einem großen Bogen werde ich mich erst mit den Grundlagen der Partnerbeziehung beschäftigen, bevor ich im zweiten, praktischen Teil ausführlich auf das Alltagsgespräch mit seinen Varianten eingehe.

*Fritz Fischaleck, Bad Endorf im Chiemgau, Sommer 2002*

# I. Von der traditionellen Ehe zur Partnerschaft

## A) Gesellschaftliche Veränderungen

### 1. Abschied von der traditionellen Ehe

Die *traditionelle* Ehe war ein von Kirche und Staat kontrolliertes Zweckbündnis. So waren Besitz, Versorgung und Fortpflanzung gewährleistet. Jeder wusste, was er zu tun hatte. Während der Mann hinauszog ins „feindliche Leben", kümmerte sich zu Hause die „züchtige Hausfrau" um die Kinder und die emotionale Atmosphäre. Viel Spielraum für Eigenleben gab es nicht. Aufgehoben fühlte man sich vor allem in der Großfamilie.

Mit dem Übergang zur modernen Gesellschaft tauchte die Idee der *Gleichberechtigung* und *Partnerehe* auf. An die Stelle von Rechten und Pflichten treten nun Spielregeln, die von beiden Partnern auszuhandeln sind. Neue Sicherheit erhofft man sich jetzt von der Liebesheirat, davon, dass der oder die „Richtige" kommt und damit das große Glück. Doch nicht nur *Geborgenheit* sucht man, sondern auch die *Freiheit*, sich selbst verwirklichen zu können. Wie aber das alles miteinander in Einklang bringen?

Heutzutage wird mit allen möglichen Formen des Zusammenlebens experimentiert. Oder man begibt sich mehrmals auf die Suche nach der „Großen Liebe". Wenn das misslingt, trennt man sich, nicht ohne es nach einiger Zeit erneut zu versuchen. Anstelle einer lebenslangen Ehe wird häufig eine „*Lebensabschnitts*-Partnerschaft" eingegangen. Um Kinder aufzuziehen, muss man heute gar nicht mehr unbedingt verheiratet sein.

### 2. Immer mehr Frauen lassen sich scheiden

Als ich vor 30 Jahren mit meiner Tätigkeit in der Eheberatung begann, hatte ich fast ausschließlich mit Frauen zu tun, die zwar ihr Leid klagten, kaum jemals aber an Scheidung dachten. Doch mittlerweile hat sich das Blatt gewendet: In über zwei Drittel der Fälle sind es die Frauen, die Trennung und Scheidung einleiten. Und die Scheidungsrate steigt und steigt.

Einige Zahlen: In Deutschland wird zur Zeit auf dem Land jede dritte, in der Stadt jede zweite Ehe geschieden. Im Jahr 2000 betraf dies insgesamt fast 40 Prozent aller Paare. 2001 kam es zu einer Steigerung um 1,6 Prozent. Mit der Fortsetzung dieses Trends wird gerechnet.[1]

Was hat sich denn in all diesen Jahren verändert, vor allem bei den *Frauen*?

• Sie sind deutlich selbstbewusster geworden und üben auf die Männer zunehmenden Druck aus, sie in *Haushalt* und bei der *Kindererziehung* stärker zu unterstützen. Kommt über die Jahre kein faires Team zustande, fühlen Frauen sich weitgehend im Stich gelassen und stellen die Beziehung ernsthaft in Frage.

• Früher spielten Frauen – auch in einer sonst unbefriedigenden Ehe – im Sexuellen mit, weil das eben „dazugehörte". Verweigerten sie sich, war das für den Mann ein Scheidungsgrund. Ich kann mich noch an einige Fälle erinnern, in denen Frauen aus diesem Grunde „schuldig" geschieden wurden, was den Verlust des Ehegattenunterhalts bedeutete.

Mit dem 1977 in Kraft getretenen neuen Eherecht, das das überholte Schuldprinzip durch das Zerrüttungsprinzip ersetzte, kam es auch zu einem Wegfall der – faktisch nur für Frauen geltenden – ehelichen Pflichten. Was bedeutet, dass heute Frauen fast ausnahmslos nur noch dann zur Sexualität bereit sind, wenn es auch sonst in der Beziehung „stimmt". Außerdem achten sie zunehmend auf ihre eigenen Bedürfnisse. Sie haben sich Freiheit *von* männlichen Ansprüchen erkämpft.

• Auch Freiheit *zu* einem eigenen Leben nehmen sich die Frauen in zunehmendem Maße: Beruf, eigene Freizeitgestaltung, getrennte Urlaube … Lange schon habe ich dazu Sätze aus Männermund wie „Das kommt gar nicht in Frage" nicht mehr gehört. Und auch sonst sind Bekenntnisse wie „Wir machen alles zusammen" selten geworden.

• Früher hatte die Ehe den Charakter eines „Basislagers", das die Frauen für die vom „Gipfelsturm" heimkehrenden und Erholung suchenden Männer in Stand zu halten hatten. Heutzutage kann es geschehen, dass – wenn überhaupt noch – auf die Männer bestenfalls die „flüchtige" anstelle der „züchtigen" Hausfrau wartet, wenn nicht gar ein Zettel auf dem Tisch verkündet: „Es kann später werden, mach dir inzwischen selbst was zu essen!"

• Falls sich Frauen nicht selbst gerade auf „Gipfelsturm" befinden, erwarten sie vom häuslichen Zusammensein, dass man miteinander redet und Gefühle austauscht. Entsteht so nicht wenigstens ein Mindestmaß an *Wärme und Vertrautheit*, ist das ein weiterer Grund, am Sinn der Beziehung zu zweifeln.

Häufig erlebe ich, dass Frauen aus anderen Kulturkreisen – nach einigen Jahren des Lebens in Deutschland – sich jetzt auch in ihrer Ehe mehr freundschaftliche Nähe wünschen.

Ein Paar aus dem Kosovo kommt samt kleinen Kindern in die Beratung. *Er:* „Es geht uns gut, wir haben nette Wohnung, liebe Kinder ..."
*Sie,* energisch den Kopf schüttelnd: „Ehe nix gutt!"
*Ich* hake nach: „Frau X, wann ist denn die Ehe gut für Sie?"
*Sie,* nach kurzem Überlegen: „Also ... *Ehe gutt, wenn reden*".
Auf mein weiteres Nachfragen hin erläutert sie, sie wolle ihm ihre Sorgen erzählen können und wünsche sich, er möge sich das anhören und selbst auch von sich berichten – Bedürfnisse, die früher im Heimatland durch die Großfamilie und durch Austausch mit anderen Frauen abgedeckt wurden.

Unübersehbar entwickelte sich in unseren Breiten –ausgehend von den Frauen – ein hoher Anspruch an die Qualität von Ehe und Partnerbeziehung: faire Zusammenarbeit, Selbstbestimmung in der Sexualität, ausgeprägtes Eigenleben ... und emotionale Nähe. Da dies alles aber noch lange nicht ausreichend verwirklicht ist, lässt sich zunehmend feststellen:

> *„Im Enttäuschungsfall gaben früher die Frauen ihre Hoffnungen auf. Heute dagegen halten sie an der Hoffnung fest – und geben die Ehe auf."*[2]

## 3. Wie die Männer darauf reagieren

Was wird den Männern nicht alles um die Ohren gehauen, von Frauen und von Experten. Sie hätten zwar viel erlebt, aber nichts begriffen und würden im Übrigen von Gleichberechtigung zwar reden, sie aber nicht wirklich wollen.

Manche nehmen die Männer auch in Schutz: Ihre Vorstellungen von Erotik, Sexualität, Arbeitsteilung und Gesprächsverhalten im Alltag seien nun einmal anders. Während Männer sich vor allem für die materielle Versorgung verantwortlich fühlten, legten Frauen eben mehr Wert auf Gefühle und innere Nähe, darauf, dass man sich versteht.

Woher das alles kommt? Eines lässt sich auch heute noch beobachten: Kleine *Jungen* werden – übrigens weitgehend von Frauen – immer noch *anders erzogen* als Mädchen. Und dann: Könnten nicht auch die Hormone an allem schuld sein? So wird in einem Bestseller[3] behauptet, Testosteron sei verantwortlich dafür, dass Männer zwar gut einparken könnten, mit dem Reden und den Gefühlen aber ihre liebe Not hätten. Eine etwas einfache Erklärung!

Wie auch immer: Langsam wird es bedrohlich für die Männer. Nicht selten erlebe ich in der Eheberatung folgende Situation:

Ehepaar A. Er ist auf ihr Drängen mitgekommen.

Auf meine Frage nach ihrem Anliegen antwortet er: „Wir möchten an unserer Beziehung arbeiten." Da beginnt sie bitter zu lachen und meint:„ Für mich ist es zu spät. Ich will mich trennen." Völlig schockiert wendet er ein: „Aber ... bis vor einem halben Jahr ging's uns doch noch gut." Worauf sie kontert: „Dir vielleicht. Aber dass ich schon seit drei Jahren leide, hast du gar nicht gemerkt. Und zur Eheberatung wolltest du nie mitkommen. Es ist vorbei." Sprichts, verabschiedet sich und verlässt den Raum. Er bleibt noch eine Weile – völlig fassungslos.

Über ein halbes Jahr lang nimmt er dann regelmäßig Beratungsstunden bei mir wahr, um mit der neuen Situation zurechtzukommen.

Wie bewerten die *Männer* selbst die neue Situation? Ich habe einige *typische Klagen* gesammelt:

- „Es ist anstrengend geworden." – „ Alles muss man aushandeln." – „Nach der Arbeit soll ich auch noch im Haushalt helfen."

- Sexualität wird frustrierend erlebt, da es ja mit den ehelichen Rechten vorbei ist: „Soll ich mir's zur Haut rausschwitzen?"

• Von den Gesprächswünschen der Frauen fühlen sie sich überfordert. Oft fragen Männer verständnislos: *„Muss* man denn dauernd über Gefühle reden?"

• Die finanzielle Situation ist nach der Scheidung oft dramatisch: „Ich komme gerade noch so über die Runden." Oder: „Eine neue Beziehung könnte ich mir nicht mehr leisten."

Zwar lässt sich das Rad der Entwicklung nicht mehr zurückdrehen. Die einmal von Frauen in Gang gesetzten höheren Erwartungen an das Zusammenleben sind nicht mehr zurückzunehmen. Doch sei zur Ehrenrettung der Männer festgestellt: Allmählich nehmen sie die Herausforderung an und die Wünsche der Frauen nach Unterstützung und Gespräch ernst. Sie begreifen: Auch wenn sie vordergründig wie Verlierer aussehen, gereicht es ihnen durchaus zum Vorteil, sich auf eine zwar anstrengende, dafür aber umso lebendigere „Partnerschaft" einzulassen.

## 4. Warum Paare sich trennen

Oft drängt sich mir der Eindruck auf, trennungsbereite Paare hätten durchaus eine Chance gehabt, wären sie früher ernsthaft miteinander ins Gespräch gekommen, um dann intensiv an ihrer Beziehung zu arbeiten. So schlecht sieht die Basis für ein Zusammenleben oft gar nicht aus. Doch zu spät ist es, wenn ein Partner schon resigniert dem andern zu verstehen gibt: „Ich empfinde nichts mehr für dich."

*Im Körperlichen kann es zu irreparablen Schäden kommen, etwa zu einem Herzinfarkt. Durch Ultraschall lässt sich nachweisen, dass ein Teil des Herzmuskels für immer abgestorben ist. Ähnlich – wenn auch nicht so leicht beweisbar und nicht mit letzter Sicherheit festzustellen – kann es auch Gefühlen ergehen: Sie erholen sich nicht mehr, was immer man auch versucht. So stelle ich in der Regel meinen Klienten in der ersten Stunde die Frage: „Wie spät ist es schon auf Ihrer Gefühlsuhr?" Die Antworten fallen unterschiedlich aus, von: „Halb 12" über „Fünf vor 12" bis „12 vorbei".*

Doch wer will mit Sicherheit beurteilen, ob ein Scheitern

nicht Ausdruck eines „höheren Plans" ist? Wäre bei rechtzeitigem Bemühen das Auseinanderbrechen tatsächlich vermeidbar gewesen?

Wie dem auch sei: Führen wir doch lieber nicht fahrlässig eine solche Entwicklung herbei, sondern stellen uns rechtzeitig der meist schon seit langem schwelenden Krise!

Ich möchte im Folgenden anhand einiger anonymisierter Fallbeispiele aufzeigen, aus welchen *Gründen* Ehen am häufigsten scheitern. Im Einzelfall müsste man allerdings klären, welche tiefere Problematik hinter den Klagen steckt. Vielleicht könnten *Sie* als Leser durch diese Schilderungen hellhöriger werden für erste Anzeichen einer Krise in der eigenen Paarbeziehung.

- Thema: *„Ich habe viel zu früh geheiratet"*.

Auch heute finden sich immer noch junge Leute bereits in der Schulzeit, um wenige Jahre später zu heiraten, wohl um so leichter vom Elternhaus loszukommen. Was dabei auf der Strecke bleibt: genügend Zeit zum Experimentieren haben, noch ungebunden herausfinden können, *wer man selber ist*.

Frau X, 27, mit 18 von den Eltern zu ihrem jetzigen Mann gezogen und ein Jahr später geheiratet, weil ein Kind unterwegs war. Sie lernt jetzt einen anderen Mann kennen und macht dabei eine faszinierende Entdeckung: In einem bisher nicht erlebten Maße – in der Kindheit nicht und nicht in ihrer Ehe – kann sie hier lebendig und fröhlich sein, „so wie ich immer sein wollte". Jetzt plant Frau X auszuziehen; nicht zu ihrem Freund, denn sie sucht ja keine weitere Abhängigkeit, sondern um die neuen Seiten ihrer Persönlichkeit auszubauen, sich endlich selbst kennen zu lernen. Im Augenblick ist offen, ob die Ehe eine zweite Chance bekommt.

- Thema: *ER will bestimmen: SIE will Gleichberechtigung*

Immer noch gibt es Männer, die mehr oder weniger offen auf ihrer Führungsrolle bestehen. Doch immer weniger Frauen spielen dabei mit.

Ein 25-jähriger türkischstämmiger Mann hatte sich vor drei Jahren eine „pflegeleichte" Frau aus Anatolien geholt, eine „richtige Hausfrau und keine solche Zicke, die dauernd in Discos rumhängt", wie er betont. Und stolz fügt er hinzu: „ Wissen Sie, ich bin kein Softie, kein Weichei, wie die meisten Männer." – Da die Frau noch nicht zur Beratung kommt, erfahre ich durch ihn, dass sie sich offensichtlich mit Fluchtgedanken trägt.

- Thema: Beide: *„Wir leben in verschiedenen Welten"* und *„nur noch Krieg"*.

Oft beginnt es mit einer Liebesheirat: Zwei in Temperament und Werten unterschiedliche Menschen ziehen sich gegenseitig an. Doch was zunächst am andern so fasziniert, wird zunehmend als unangenehm und bedrohlich erlebt. Unterscheiden sich zwei auch noch stark in ihrem jeweiligen Lebensgefühl, dann blockieren sie sich gegenseitig und haben sich wenig zu sagen.

*Er* ist Künstler mit immer neuen Ideen, gesellig, locker in Erziehungsfragen. *Sie* ist eher sportlich eingestellt, ernst und zurückhaltend, konsequent in der Erziehung. Gegenseitige abwertende Kritik in allen erwähnten Bereichen schaukelt sich immer mehr auf. Die Zuneigung füreinander ist inzwischen auf dem Nullpunkt angelangt. Es sieht nicht gut aus. Bei beiden spüre ich keine rechte Motivation mehr, noch etwas zu investieren. Vielleicht hätte früh einsetzende Beziehungs-Arbeit dazu geführt, die Art und Wertewelt des Partners besser zu verstehen und sich so aufeinander zu zu entwickeln.

- Thema: Beide:*„einsam zu zweit"* und SIE: *„im Stich gelassen."*

Manche Partner passen vom Wesen und den Interessen her oft gar nicht schlecht zusammen. Doch allmählich versiegen die Gespräche und man unternimmt kaum mehr etwas miteinander. Einer blendet sich der Karriere zuliebe aus dem Erziehungsgeschehen aus, die Ehe verkommt zu einer Art Wohngemeinschaft. Gelegentlicher Streit ist dann meist das noch einzig Lebendige, das verbleibt. Und oft kommt das auch noch zum Erliegen, ähnlich wie in Erich Kästners Gedicht:

> *Als sie einander acht Jahre kannten*
> *(und man darf sagen: sie kannten sich gut)*
> *kam ihre Liebe plötzlich abhanden.*
> *Wie anderen Leuten ein Stock oder Hut.*
> *[...] Sie saßen allein, und sie sprachen kein Wort*
> *Und sie konnten es einfach nicht fassen.*[4]

- Thema : *„Wir haben uns auseinander entwickelt"*.

– Nicht selten haben sich Frauen in den ersten Jahren im Interessensbereich ihren Partnern angepasst. Wenn Kinder kommen, geben sie auch noch ihre Berufstätigkeit auf. So treten eigene Lebensperspektiven in den Hintergrund. In der Zwischenzeit bauen die Männer ihre berufliche Karriere aus und finden ihre Partnerinnen zu Hause zunehmend weniger attraktiv. Immer weiter driften die Wege auseinander. Oft gehen Männer jetzt Außenbeziehungen ein.

– Eine andere Variante: Frauen, die sich allmählich wieder auf einen eigenen beruflichen und geistigen Weg begeben, passen sich nicht länger ihren Partnern an, weil sie inzwischen zu ihren wahren Interessen und Werten gefunden haben. Hier sind es die Frauen, die die Beziehung in Frage stellen.

Da die beschriebenen Themen mehr oder weniger *in jeder Zweierbeziehung* vorkommen, könnten *Sie* Ihre eigene Beziehung dahingehend überprüfen, wo etwas zu tun wäre.

Zweifelsohne tragen manche Beziehungen den Keim des Scheiterns von Anfang an in sich. Das hängt damit zusammen, dass Partner sich gegenseitig oft unbewusst für ein bestimmtes aktuelles Entwicklungsthema wählen, und nicht im Hinblick auf später. Dabei wird Wesentliches, was langfristig zur Tragfähigkeit der Beziehung nötig wäre, übersehen.

Erkennen beide diese Schwäche rechtzeitig und machen sich an die Arbeit, müsste es nicht zwangsläufig zum Scheitern kommen. Lässt es sich aber trotz aller Bemühungen nicht verhindern, können beide leichter ohne Hadern auseinandergehen, im Bewusstsein, alles Menschenmögliche getan zu haben.

Ausgehend von den geschilderten Beispielen will ich positiv formuliert zusammenfassen, was alles beiträgt zum

**Gelingen einer Paarbeziehung**.

- Der **richtige Zeitpunkt**: Wieweit ist jeder von seiner Entwicklung her zu einer Dauerbindung bereit und in der Lage?
- **Zusammenpassen**: Stimmen beide ausreichend überein in den Bereichen „Werte", „Lebensgefühl", „Erotik", „Temperament"?
- **Beziehungsarbeit:**
- **Weiterentwicklung der Anfangsbeziehung**: Anfängliche Verliebtheit – auf Anziehung gegensätzlicher Eigenschaf-

ten und Rollen beruhend –wird als Entwicklungsaufgabe gesehen.
- **Gestaltung und Pflege des alltäglichen Zusammenlebens** (faires Team, Freundschaft, Wertegemeinschaft, Sexualität)
- **Eigener Entwicklungsweg**: Jeder entwickelt eigene Glücks- und Sinnperspektiven.

# B) Ausblick – wie soll es weiter gehen?

> Wenn du das Wort *Glück* begreifen willst,
> musst du es als Lohn und nicht als Ziel
> begreifen.
> *Antoine de Saint-Exupéry*

## 1. Ist Glück in der Ehe möglich? Sich wohlfühlen oder heil werden?

Wenn das alte Ehemodell nicht mehr funktioniert, stellt sich die Frage: Wie viel „Glück" wäre in einem neuen partnerschaftlichen Zusammenleben möglich? Aber was ist unter Glück überhaupt zu verstehen? Ich denke, die folgende Unterscheidung zwischen „Wohl" und „Heil"[5] hilft weiter:

- „Sich **wohl** zu fühlen" bedeutet, einen angenehmen körperlichen oder seelischen Zustand zu erleben.
  Eine gute Mitte zwischen Spannung und Entspannung.
- „**Heil** werden" meint tiefer gehende Erfahrungen, wie:
- *Ausheilen* von Verletzungen
- *Ganzwerden*, sich vervollkomnen
- zum Heil, zum *Ziel und Sinn des Lebens* gelangen

Zunächst jedoch fragen sich Partner: Tut mir der andere gut, kann ich mich einigermaßen *wohl* bei ihm fühlen:

Sich gegenseitig unterstützen. – Zärtlichkeit genießen. – Entlastung durch Gespräche – Spannende Erlebnisse teilen – Sexuelle Lust u. ä.

Aber können darüber hinaus Partner sich auch gegenseitig zum *Heil* verhelfen?

Das Ausheilen traumatischer Kindheitserfahrungen in einer Paarbeziehung wünscht sich unbewusst wohl jeder.

So nehmen Partner oft die Rolle von Vater oder Mutter ein. Was allerdings nur begrenzt gelingt.

Ganzwerden – das Überwinden seiner Einseitigkeiten – ist etwas, wobei Partner sich gegenseitig sehr behilflich sein können.

Zum eigenen Heil zu gelangen in dem Sinne, für die großen Lebensthemen Einsamkeit, Leid, Tod, Lebenssinn und Verankerung im Spirituellen eine Antwort zu finden, ist wiederum nur eingeschränkt durch Mithilfe des Partners möglich.

So gilt es auszuloten:

• Wie viel Glück – im Sinne von sich wohlfühlen und heil werden – kann jeder auf seinem eigenen *individuellen* Weg finden?

• In welchem Maße kann auch die *Partnerbeziehung* zum eigenen Glück beitragen?

## 2. Ein faszinierendes Zusammenspiel: der eigene Weg und die Partnerbeziehung

Zur Veranschaulichung werde ich immer wieder den Vergleich des Lebenswegs mit einer *Flussfahrt* bringen.

In früheren Zeiten wurden Ehen meist durch Eltern oder Ehevermittler arrangiert. Die jungen Leute setzten sich gewissermaßen in ein von der Gesellschaft vorgesehenes Eheboot (vorgeschriebene Rollen), in dem man den relativ kurzen Lebensfluss (geringe Lebenserwartung) hinuntertrieb. Nicht dass es dabei nicht auch Mühe, Leid und Schicksalsschläge gegeben hätte. Aber zumindest wusste man, woran man sich zu orientieren hatte: Die vorgesehenen Rollen waren auszufüllen.

In der heutigen Zeit ist das Leben eher mit einem ziemlich langen, unberechenbaren Strom vergleichbar, auf dem viel „passieren" kann. Einerseits manches Aufregende und Spannende, andererseits aber auch Krisen und Scheitern.

Auf dieser Flussfahrt tauchen faszinierende Landschaften auf, aber auch Stromschnellen und Strudel, die sich mit einem altmodischen, schwerfälligen Eheboot gar nicht bewältigen ließen. So wenig ist das Gelingen einer Ehe heute durch Tradition abgesichert, dass man sich in dieser komplizierten Welt zunächst besser auf sein eigenes schmales, robustes *Einerkajak* verlässt, das allerdings erst einmal beherrscht sein will. – Zwischendurch bieten sich auch etwas ruhigere Flussabschnitte an, bei denen man andere Reisende kennen lernt und sympathisch findet.

Abb. 1

Verliebt man sich dann noch in jemanden, was liegt dann näher, als die beiden Einzelboote zu einem *Katamaran* zusammenzubauen und eine gemeinsame Fahrt zu wagen.

Abb.2

Nur – immer wieder zwischendurch – bleibt beiden die bittere Erkenntnis nicht erspart, dass zeitweise bei engen, gefährlichen Stromschnellen (individuelle Krisen) jeder wieder in sein Einerkajak umsteigen muss, bis die Umstände es erlauben, erneut aneinander anzudocken. Und so in ständigem Wechsel: mal Einzelfahrt, mal gemeinsame Fahrt. Übrigens bereitet es durchaus Spaß, gelegentlich für eine Weile alleine mit seinem Boot einen Seitenarm des Stroms zu erkunden, auch immer wieder interessanten anderen Reisenden zu begegnen, um dann nach einiger Zeit – mit vielen neuen Eindrücken bestückt – auch wieder gerne zum anderen zurückzukehren; denn es gibt viel zu erzählen.

Das Zusammen- und Auseinanderbauen lässt sich übrigens mit etwas Geschick recht flott bewerkstelligen. Doch die gemeinsame Fahrt ist nicht immer frei von Stress und Konflikten. Jeder Handgriff muss bei schwierigen Passagen sitzen, um Kentern zu vermeiden. Ein eingespieltes Team ist gefragt. Aber auch ruhige Strecken erlauben gemeinsames Erleben: Lust, Freude und Vertrautheit.

Kann sein, dass man sich in jungen Jahren eines Tages *endgültig trennt*. Jeder fährt alleine weiter, um – nach einiger Zeit – einen neuen Partner zu treffen. Dasselbe Spiel beginnt von vorne. Verdichtet sich das Erleben der Zusammengehörigkeit immer mehr, könnte man Ausschau halten nach einem günstigen Uferstreifen, um ein Haus zu bauen. Aus einer vorübergehenden Partnerbeziehung würde dann eine *Lebensgemeinschaft* werden.

Doch auch wenn man sich am Ufer niederlässt, wenn das Beziehungshaus den Katamaran ablöst: sein Einzelboot hält jeder in Schuss, für alle Fälle.

Die Geschichte mit der Flussfahrt geht grundsätzlich davon aus, dass der eigene Weg und der gemeinsame Weg in guter Balance sein müssten.

### Wo liegt letztlich der Schlüssel für mein Glück?

Worauf aber kann ich letztlich *bauen*? Auf Ehe und Partnerschaft? Oder auf meinen eigenen Weg?

> *Jemand kniet nachts im Park unter einer Laterne und durchkämmt das Gras. Kommt ein Freund vorbei und fragt, wonach er suche. „Nach dem Wohnungsschlüssel", kommt als Antwort. Hakt der Freund nach: „Und der soll hier sein?" Worauf der Suchende meint: „Nein, ich glaube, der liegt irgendwo da drüben im Dunkeln. Aber ich suche hier, wo es hell ist, unter der Laterne."*

Natürlich wäre es praktisch, sein Glück unter der Partner-Laterne zu finden; sind Partner denn – zumindest in den Liebesromanen – nicht dazu da, einander glücklich zu machen? Doch leider liegen im Leben solche Schlüssel nicht da, wo wir sie gerne hätten. So bleibt uns nichts anderes übrig, als im Dunkeln weiter zu suchen, auf mühsame Weise herauszufinden, was das Leben letztlich lebenswert macht und was uns trägt.

Auch wenn es hart klingt: Jede noch so liebevolle Partnerschaft ist nicht mehr als eine Episode auf dem eigenen Lebensweg. Wenn überhaupt, dann kann nur jeder selbst sich der einzig verlässliche Partner sein, was nicht Einsiedlerleben bedeutet, sondern durchaus zahlreiche soziale Kontakte erlaubt, ja sogar erfordert. Nur: Der eine, der Partner, kann mir mein Glück nicht garantieren. So kann ich letztlich nur *auf mein eigenes Leben bauen.*

Denn die entscheidenden Fragen des Lebens muss ich selbst beantworten: Wie gehe ich mit Leid und Tod um? Wie kann ich Sinn verwirklichen? Und wo führt letztlich meine Reise hin? Wozu M. Scott Peck in seinem Buch „Der wunderbare Weg" meint: „Das letzte Ziel des Lebens bleibt das spirituelle Wachstum des Individuums, die einsame Reise zu Gipfeln, die nur allein erstiegen werden können." [6]

Ziehe ich daraus die Konsequenz, sehe ich mich in einer Partnerschaft im Kleinen wie im Großen immer wieder vor folgende Entscheidung gestellt – mit den humorvollen Worten eines Weisen ausgedrückt – : Zwei Fragen muss ich mir stellen: „Die erste, ‚Wohin gehe ich?' und die zweite, ‚Wer geht mit mir?'. Wenn du die Reihenfolge durcheinander bringst, kommst du in Teufels Küche." [7]

## Die Partnerschaft als wertvolle Bereicherung

Habe ich das alles akzeptiert, wird der Weg frei für eine Partnerbeziehung, die in Maßen durchaus zum Wohlfühlen und auch zum heil werden eines jeden beitragen kann. Wer in der Lage ist, zunächst selbst – natürlich eingebunden in soziale Kontakte – satt zu werden und lebendig zu sein, kann die intime Paarbeziehung gewissermaßen als Gewürz in der Suppe oder als Sahne im Kaffee erleben, als etwas, was man nicht mehr missen möchte. Solche Erfahrungen haben tatsächlich eine einmalige Qualität und sind auch nur in einem solchen Rahmen möglich.

Ist mir kalt, kann ich mir selber Wärme verschaffen durch Bewegung, wärmende Kleidung, einen Kachelofen. Von einem lieben Partner in den Arm genommen zu werden aber ist die Krönung.

Über diese Bereicherung hinaus, die jeder für den andern darstellt, kann sich aber auch noch so etwas wie eine *Paar-Idee* auftun: Man entdeckt und verfolgt gemeinsame Werte, wie das durchaus Kinder sein können oder soziale und ökologische Projekte.

Wie ist das zu bewerkstelligen?

Damit alles das eine Chance hat, brauche ich zweierlei:

---

**Lebenskunst**: Den eigenen Glücks- und Sinnweg suchen, finden und gestalten und
**Beziehungskunst**: Die Partnerbeziehung als Aufgabe sehen und das nötige Wissen und Können erwerben.

Auch wenn sich das Risiko des Scheiterns nur verringern, aber nicht völlig ausschalten lässt: Nutzen wir die Chance. Nur auf das Glück zu warten, reicht im Leben meist nicht. Wenn wir uns aber an die Arbeit machen – Lebenskunst und Beziehungskunst erlernen – können wir den Rest getrost einer „höheren Regie" überlassen. Vielleicht hält sich unser Scheitern dann in Grenzen. Ja es kann durchaus sein, dass wir dann doch – ohne Garantie – Glück haben, das
**Glück des Tüchtigen**

---

# II. Der individuelle Entwicklungsweg

> Wer ein Leben lang seine eigene Spur verfolgt, schafft damit
> gleichzeitig die Voraussetzung dafür, in einer Partnerschaft
> ein selbstbewusster, gleichwertiger Partner und im Ge-
> sprächsverhalten entsprechend offen, klar und fair zu sein.

In unserer Kultur begreift man üblicherweise das Leben als einen Weg, auf dem mehrere Stufen der Bewusstseinsentwick-
lung zu durchlaufen sind.

Von Anfang an kommt es – vor allem beim westlichen Menschen – zu immer deutlicheren Grenzziehungen.

- Die Abgrenzung des *Ich* von der *Umwelt*, indem man – Adam
  nachfolgend – den Dingen Namen gibt.
- Trennung zwischen *Gefühl* und *Verstand*.
- Unterscheidung zwischen dem *„Schatten"* – seinen Schwä-
  chen – und einer starken Fassade.
- Betonung der Gegensätzlichkeit von *Mann* und *Frau*.

Diese *„Dualismus"* genannte Polarisierung führt jedoch meist
zu Kampf und Feindschaft. Das nahm seinen Anfang mit dem
Auszug Adam und Evas aus dem Paradies, nachdem sie vom
Baum der ‚Erkenntnis von Gut und Böse' gegessen hatten. Seit-
dem wird nun das sog. Kranke, Schwache, Böse, bekämpft – im
Innen wie im Außen.

Ob es irgendwann auf dem Lebensweg wieder zur Versöhnung der Gegensätze kommen wird? Kehren wir am Ende unseres Lebens wieder ins verlorene Paradies zurück?

Schauen wir uns die Hauptstationen eines solchen Entwick-
lungsweges an:

## A) Ein „starkes Ich" – Selbstverwirklichung

Ein erstes großes Ziel auf unserem Lebensweg ist die Entwicklung eines Ichs, das sich in dieser Welt zu behaupten und seinen

Platz in der Gesellschaft zu finden vermag. Ein in früher Kindheit erworbenes Vertrauen in die Welt ist Voraussetzung dafür. Damit ist es für den Jugendlichen auch leichter, sich *vom Elternhaus zu lösen* und in die Welt hinauszuziehen.

Zu der nach außen wirkenden Fliehkraft braucht es jedoch – ähnlich wie bei einem Kettenkarussell – eine Gegenkraft im Sinne einer Verankerung in der Mitte. An die Stelle der Eltern, die in diesem Sinne manchmal bremsend, manchmal Halt gebend wirkten, müsste der junge Mensch– wie Erich Fromm[8] es beschreibt – erst einmal eine eigene „innere Mutter" und einen eigenen „inneren Vater" in sich entstehen lassen, um erwachsen zu werden.

In dieser Lebensphase der sich **„abgrenzenden Selbstverwirklichung"**[9] dienen vorübergehende Partnerbeziehungen vorrangig dazu, herauszufinden: Wer bin ich? Welche Möglichkeiten habe ich und wo sind meine Grenzen? So weisen Beziehungen sinnvollerweise einen eher spröden Charakter auf, wie es in dem meist missverstandenen sog. „Gestaltgebet" heißt:

Ich tue, was ich tu; und du tust, was du tust.
Ich bin nicht auf dieser Welt,
um nach deinen Erwartungen zu leben,
und du bist nicht auf dieser Welt,
um nach den meinen zu leben.
Und wenn wir uns zufällig finden – wunderbar.
Wenn nicht, kann man auch nichts machen.[10]

Ein gesundes **„starkes Ich"** weist Vertrauen in die Welt, Lustfähigkeit und Neugier auf. Liegt jedoch eine tiefe Verunsicherung vor, nimmt die Entwicklung eher eine ungesunde Richtung:

• Jemand *flieht* vor der Aufgabe der *Selbstwerdung* in eine neue Form der Geborgenheit, wie sie gewisse Institutionen anbieten.
Das kann die „Mutter Kirche" sein. – Auch Sekten oder Militär – „mother army" sagen die Engländer – kommen in Frage. Und nicht zuletzt eine Partnerschaft mit einem „väterlichen" oder „mütterlichen" Partner.

• Oder: Unsicherheit wird *überspielt* und führt zu einer überzogenen, aufgeblähten *„Scheinstärke"*, die überall nur Feinde sieht.
In mannigfacher Weise wird gekämpft und *be*kämpft:
– A ist tief von B enttäuscht. Doch statt sich dieses Gefühl einzugestehen, macht er B zum Alleinschuldigen, zu dem, der täuscht.

– Aus Angst, die Kontrolle über seine Gefühle zu verlieren, verlegt man sich ganz aufs Rationale und wertet das Emotionale ab.

– Seit Jahrtausenden unterdrückt der Mann fast überall auf der Welt die Frau. Welche tief sitzenden Gefühle der Unsicherheit und des Neids mögen wohl dafür ausschlaggebend sein?

Was besonders tragisch ist: Das sog. *„Gute"* läuft in seinem Kampf gegen das *„Böse"* diesem nicht selten den Rang ab, *wird selber böse.*

– Lucifer, einst eine Lichtgestalt, wurde beim Versuch, das Böse auszurotten, selbst zum Inbegriff des Bösen (vgl. auch die Inquisition).

– Im Kampf gegen den Terrorismus wurden mittlerweile in Afghanistan durch „Kollateralschäden" schon mehr als doppelt so viele unschuldige Zivilpersonen getötet, wie durch die Anschläge in New York ums Leben kamen. Dabei gibt sich das „Gute" oft unerträglich rambohaft und aufgebläht. (Das Wort „böse" kommt übrigens vom indogermanischen „bhou", d. h. „aufblasen, prahlen".)[11]

Doch zurück zu unserem Thema *Paarbeziehung*:

In ihr vertritt ein gesundes „Starkes Ich" seine Bedürfnisse dem Partner gegenüber in selbstbewusster, offener und eindeutiger Weise.

Wird es aber zu starr und kampfbetont, könnte ihm etwas widerfahren, was es aufzuweichen im Stande wäre: Es könnte sich *verlieben*. In den Armen des geliebten Menschen kann das Starre wieder weich und fühlend werden. Dort, wo man sich liebevoll berührt, muss man sich nicht länger erobern und bekämpfen. Dies wäre ein Impuls dafür, auch die genannten anderen feindlichen Gegensätze miteinander zu versöhnen und zu integrieren. Eine nicht gerade leichte, aber aufregende Aufgabe.

## B) Ein „integratives Ich" – Individuation

Wer sich verliebt, erlebt fasziniert, dass der andere etwas hat, was ihm selbst fehlt. So könnten Männer etwa – über das Weibliche draußen – wieder Zugang finden zu ihren verschütteten weichen Seiten, wie Rilke es schildert:

> *„Rast, Gast sein einmal, nicht immer*
> *feindlich nach allem fassen, einmal*
> *sich alles geschehen lassen, und wissen,*
> *was geschieht ist gut … Nicht immer Soldat sein."*[12]

War man bisher von Vernunft und Willen gesteuert, *„hatte"* zwar einen Körper und auch ein paar versprengte Gefühle, so wird und *„ist"* man durch die liebevolle Berührung wieder lustvoller Körper, beginnt wieder zu *„fühlen"*. Starre Programme machen einer neuen Spontaneität und **Genussfähigkeit** Platz.

Vor einer Reise stelle ich ein ausgefeiltes Besichtigungsprogramm zusammen: Museen, Kirchen, Burgen, … Und dann am Zielort angekommen: Wie geplant los in Richtung des berühmten Nationalmuseums, ein absolutes Muss. Auf einmal, um die Ecke: Buntes lebhaftes Treiben auf einem Bauernmarkt. Ich schlendere von Stand zu Stand, lasse mich treiben, plaudere mit Einheimischen, probiere – hier ist das erlaubt – mal Oliven, mal Weintrauben. Und dann lasse ich mich auf einer sonnigen Bank nieder und sauge die Atmosphäre genüsslich in mich auf. Plötzlich schießt mir durch den Kopf: Das Museum, das Programm! Was tun? Ob das nicht bis morgen Zeit hat, wenn es regnet und man sonst nichts versäumt? Aber jetzt, jetzt will ich einfach nur schauen, genießen, *sein, glücklich sein!* – Den Zettel mit meinem Programm aber behalte ich, sicherheitshalber. Vielleicht brauche ich ihn noch, wenn schon nicht heute, dann morgen, übermorgen, irgendwann vielleicht …

Für einen anderen jedoch kann es umgekehrt eine Lernaufgabe sein, sich weniger treiben zu lassen, sinnvolle Pläne zu schmieden und zu lernen, sie in liebevoller **Selbstdisziplin** durchzuziehen.

Integrierter werden bedeutet für jeden: Zunächst das *finden* und in sich *aufbauen*, was man noch bräuchte, oder: Das wieder *ent*-decken, was *zu*-gedeckt wurde oder einem abhanden kam, um es neu zu beleben. Da ließe sich auch einiges vom Partner lernen:

*C. G. Jung spricht in diesem Zusammenhang von „Individuation" und meint hier vor allem, dass der Mann die „Anima" – die Bilder des Weiblichen in ihm – bei der Geliebten wahrnimmt und in sich entwickelt. Und umgekehrt versöhnt sich in ähnlicher Weise die Frau mit dem „Animus", ihren Phantasien vom Männlichen.*

*Partnerschaftlich* betrachtet: Man darf sich zu einem „runden" und toleranten Menschen entwickeln. Nicht zuletzt, weil man seine *Stärken* ausbaute. Weil man sich aber inzwischen auch mit seinen *Schwächen* – seinem „Schatten" – versöhnt hat, wird man selbst im Streit großzügiger mit dem Partner umgehen; statt den Splitter aus dem Auge des anderen ziehen zu wollen, hat man genügend mit dem Balken im eigenen Auge zu tun.

Im Laufe des Individuationsprozesses tauchen noch weitere Themen auf, mit denen ich allerdings sehr allein sein kann: *Krankheit, Leid, Tod* und – bei Zwischenbilanzen – der *Sinn* meines Lebens. Wie erfüllt verläuft es? Und da die Zeit allmählich knapper wird: *Wohin letztlich* geht meine Reise? Findet sich etwas, das mich trägt, das mir letzten Lebenssinn vermittelt? Ich beginne über meinen Tellerrand hinauszusehen, über *mich*, aber auch über die *Partnerbeziehung* hinaus.

## C) Ein „transzendentes Selbst"

Je mehr man Abgrenzung und Konfrontation aufgibt, desto mehr wird aus dem „Ich" ein „Selbst", eine Art Zentrum, in dem das Leben insgesamt mit all seinen Aspekten erfahren wird.

Dem lateinischen Wort „transcendere" (übersteigen) entsprechend gehe ich allmählich über mein bisheriges Bemühen hinaus, Alleinsein und Vergänglichkeit dadurch zu überwinden, dass ich nach der „Großen Liebe" suche.

Als Ersatz bietet sich an, noch mehr und anders an der Welt draußen teilzuhaben: Mein Interesse *an* ihr wandelt sich zunehmend dahin, dass ich mich *für* sie interessiere, *für* ihr Wohlergehen aktiv an ihr mitwirke.

Weniger, um meine Leistungsfähigkeit unter Beweis zu stellen, als aus einem umfassenden Mitgefühl und Verantwortungsgefühl heraus. Alles, was ich erlebe – Freud und Leid – gereicht jetzt auch anderen zum Heil, allem, was mir begegnet: meinem Partner, meinem Nachbarn, meiner Katze, ja sogar einer – früher achtlos oder auch ängstlich zertretenen – Spinne. Es gibt nichts mehr zu bekämpfen oder gar auszurotten.

Die Spuren, die man dabei hinterlässt, können manchmal durchaus beachtlich sein: Mancher bereichert die Wissenschaft, ruft soziale Einrichtungen ins Leben, schafft ein Kunstwerk.

Doch tröstlich zu wissen, dass auch kleine Spuren viel bewirken, wie ein afrikanisches Sprichwort sagt:

*Viele kleine Leute, an vielen kleinen Orten,*
*die viele kleine Dinge tun, werden*
*das Angesicht der Erde verändern.*

Bei dieser **„ökologischen Selbstverwirklichung"**[13] steht nicht mehr die weitere Entfaltung meines Potentials im Vordergrund, sondern zunehmend Wohl und Heil der Welt um mich herum, als deren Teil ich mich fühle.

Auch *ich* gewinne dadurch, weil es mir eine neue Art von *Zugehörigkeit* über die Partnerbeziehung hinaus verschafft und auch einen *Hauch von Unsterblichkeit*.

Doch mit dem Spuren-Hinterlassen ist das so eine Sache: Man möchte schon, dass sie gesehen werden, doch was ist, wenn man sie übersieht oder nach einiger Zeit nicht mehr sieht, weil sie verblassen? Wird das, was ich draußen tue, wirklich geschätzt?
– Kräht, wenn ich tot bin, noch ein Hahn nach mir?
– Im kleinen Alltag: Wie lange halten die Blumen, die ich mitbringe?
– Jemand schreibt ein Buch. Kommt es beim Leser an? Wie viel Kritik ist zu erwarten? Verschwindet es bald in der Versenkung?

Bei meinem Bemühen, Spuren zu hinterlassen, bin ich noch nicht wirklich frei von Egohaftem, von „am Ego *haften*". So gibt Laotse zu bedenken.

> *Gutes tun zu wollen ist nicht schlecht, aber es könnte*
> *sein, dass man dich dafür lobt und du eitel wirst.*

Vielleicht entdecke ich eines Tages zufällig, dass etwas anderes wichtiger ist als materielle Spuren.

Ich will meinem Partner zum Geburtstag einen ganz besonders tollen Blumenstrauß mitbringen. Doch da gerate ich in einen Verkehrsstau und als ich endlich vor dem Blumenladen stehe, hat der bereits geschlossen. Ratlos fahre ich weiter, bis mir auf einmal ein Gedanke durch den Kopf schießt. Wie wäre es, wenn ich statt des geplanten Luxusblumenstraußes etwas anderes mitbringe, etwa *mich?* Während ich noch über diese einfältige Idee nachsinne, bemerke ich am Straßenrand wunderbare Wiesenblumen. Bald habe ich einen kleinen Strauß beisammen – achtsam und liebevoll zusammengestellt. Und wenn ich etwas später meine Notlösung mit einem verlegenen Lächeln überreiche, spüre ich, wie in den bescheidenen Blumenstrauß noch etwas hineingebunden ist, was nicht käuflich ist: meine Zuneigung, gute Energie. Wie lange diese Blumen halten, wie lange meine Spuren sichtbar sind, wird zweitrangig; denn die einmal in Gang gesetzte Energie geht – wie uns die Physik lehrt – nie mehr verloren, in alle Ewigkeit nicht.

Wenn ich so nicht länger daran gemessen werde, wie beeindruckend oder langlebig meine Spuren ausfallen, sondern erlebe – ohne länger auf dem Prüfstand zu stehen und mir deshalb Sorgen machen zu müssen –, dass ich wertvolle Energie unlöschbar in die Welt gebracht habe und ein Teil von ihr wurde, bin ich mit einem Mal „unsterblich" geworden – energetisch gesehen.

Dabei muss ich nicht einmal gute Laune versprühen, obwohl gegen ein echtes spontanes Lächeln nichts einzuwenden ist. Ich darf so sein, wie es gerade kommt: Auch ängstlich, ärgerlich, unzufrieden, traurig … Sobald ich ehrlich dazu stehe, bin ich liebenswert und strahle gute Energie aus.

> „Wir sind liebenswert, wenn wir mit uns selber
> übereinstimmen, uns zu uns selbst bekennen."[14]

Doch auch materielle Spuren dürfen weiter entstehen, vielleicht durch gute Energie atmosphärisch angereichert.

Auch wenn der Mensch nicht vom Brot alleine lebt; ganz ohne Brot, ganz ohne Materielles geht es eben auch nicht.

Wenn ich bei all dem die Fixierung auf die Partnerschaft etwas gelockert habe, Zugehörigkeit und Unvergänglichkeit an der gesamten Welt um mich herum festmache, was auf zunehmendes *Einsein mit allem* hinausläuft: dann löse ich mich keineswegs in meine Bestandteile auf. Ich darf ganz *ich selber bleiben*, mir in meinem Kern treu bleiben – was mein Wesen, mein Lebensgefühl, meine Werte betrifft.

Doch auch *verändern* darf ich mich weiterhin: Einige Ecken und Kanten abschleifen, noch etwas hinzulernen, auch wenn Ballast abwerfen immer wichtiger wird.

Etwas gelassener – nicht unbedingt matter – darf ich auch werden und das Treiben in mir und außerhalb aus zunehmender Distanz betrachten. So wie Wetterflieger, die sich in heranziehende Taifune hineinwagen und erstaunt feststellen: Im Zentrum des Taifuns herrscht absolute Ruhe.

Auch wenn der Kampf der Gegensätze langsam zum Erliegen kommt, ist trotzdem noch für beide Pole Platz:

Mal leer und mal voll. Mal Narr und mal Weiser, mal Fühlen und mal Denken. Die einmal erfahrene Wahlfreiheit geht nie mehr verloren. Die Gegensätze berühren sich jetzt jedoch, ja sie fließen manchmal ineinander, wie im Wattenmeer, das – einmal vom Wasser überflutet, einmal trocken fallend – beides ist: Meer und Land, im ständigen Wechsel.

Was heißt das für die *Partnerschaft*? Auch ihr käme diese Entwicklung zugute:

• Zwei begleiten sich wohlwollend bei ihrer jeweiligen *Einzel-Reise* durchs Leben, tauschen sich aus und stützen sich auch gelegentlich dabei.

• Manchmal ergibt sich sogar ein gemeinsames Lebensziel, eine *gemeinsame* Reise.

Für das alternde Paar werden die Themen *Team*, spannende *Unternehmungen* und *Sexualität* etwas in den Hintergrund treten und eine auf ähnlichem Lebensgefühl begründete *Freundschaft* zum Hauptthema werden.

Erinnern wir uns: Der Auszug aus dem Paradies geschah dadurch, dass man zu werten, zu beurteilen und zu *bekämpfen* begann. Das hat sich inzwischen deutlich verringert. Selbst das gesunde, faire *Für-Sich-Kämpfen* muss nicht mehr um jeden Preis sein.

So schließt sich allmählich der Kreis. In einem großen Bogen käme man – auf einer höheren Ebene – dem Paradies wieder nahe, allem Lebenden zunehmend akzeptierend, wohlwollend, „*freund*-lich" gesonnen.

> *Den Freund kennzeichnet es vor allem,*
> *dass er nicht richtet.*[15]

# III. Die romantische Partnerwahl: Eine Entwicklungsaufgabe

Bei der Partnerwahl wird das **Fundament** zur Paarbeziehung gelegt. Wird es auf Dauer tragfähig sein?

Einerseits hängt das davon ab, ob ausreichende **Übereinstimmung** in Werten, Interessen und Lebensgefühl besteht.

Andererseits muss unbedingt die Fähigkeit der Partner hinzukommen, ihre Anfangsbeziehung zu einer reifen Paarbeziehung **weiterzuentwickeln.**

Zunächst ist besser zu verstehen, was zusammengeführt hat und welche Entwicklungsaufgabe sich davon ableitet. Dazu sind immer wieder auch Beziehungsgespräche nötig.

## A) Die Liebesbeziehung

*1. Eine Liebesgeschichte – Peter und Gaby*

Ich will die Geschichte eines sehr typischen Paares erzählen und mich im weiteren Verlauf immer wieder darauf beziehen. Dabei komme ich zurück auf das Bild des Lebens als einer Flussfahrt.

• **Der Anfang:** *Peter* ist mit seinem Kajak auf dem Fluss des Lebens unterwegs. Nach einigen anderen Begegnungen glaubt er jetzt in *Gaby* die „Richtige" gefunden zu haben. Es begann dramatisch: Sie war gerade gekentert (durch die Prüfung gefallen) und er hatte sie selbstverständlich gerettet. Liebe auf den ersten Blick! Ihn begeisterte ihre lebendige und anschmiegsame Art. Sie bewunderte sein ernstes, zielstrebiges und Vertrauen einflößendes Wesen. Wenn auch sonst eher ängstlich: Mit ihm machte sie bei allem mit (Motorrad fahren, Klettern). Nachdem sie beide schon bald ihre Einzelboote zu einem Katamaran zusammengebaut hatten, sind sie sich jetzt sicher, zusammenbleiben und am Flussufer ein Ehehaus bauen zu wollen. Bald gibt *sie* ihre Berufspläne auf. Etwas später kommen Kinder. Der Aufbau einer Berufskarriere hält *Peter* oft lange von zu Hause fern.

• **Erste Konflikte:** *Sie* fühlt sich in der Kindererziehung nicht ausreichend von ihm unterstützt. Auch gehen ihre Ansichten in diesem Punkt sehr auseinander.

*Er* ist enttäuscht, dass sie ihn nicht mehr beim Klettern begleitet, denn sie ist ängstlich geworden.

• **Beginn der Krise:** *Er* kritisiert ständig an ihr herum: „Nichts findet man bei dieser Unordnung!" und „Erzieh' lieber die Kinder ordentlich, statt immer bei deiner Freundin rumzuhängen!" – *Sie* kontert: „Nie bist du zu Hause und wenn, meckerst du nur rum." Und: „Für die Kinder hast du auch nie Zeit." Außerdem: „Deine Mutter mischt sich überall ein und du sagst nichts."

• **Zuspitzung:**

*Gaby* bereut mittlerweile, ihre Berufspläne aufgegeben zu haben. Häufig ist sie mit Freundinnen beim Tanzen, um Nichtgelebtes nachzuholen. Dort lernt sie den eben geschiedenen Jürgen kennen, einen Künstler und „Mann mit Gefühl". Stolz stellt sie fest, ihm neuen Lebensmut geben zu können. Anders als bei Peter fühlt sie sich bei Jürgen stark und frei genug, wieder so zu sein wie früher: spontan, fröhlich, etwas flippig. Stundenlang streifen sie durch Gemäldegalerien, hören Musik und führen lange Gespräche über Gott und die Welt.

Auch *Peter* macht ähnliche Erfahrungen: Auf einem Lehrgang läuft ihm Ruth, eine selbstbewusste, dynamische Kollegin, über den Weg. Eine interessante, aufregende Frau, die weiß, was sie will. Bei ihr kann Peter – buchstäblich und im übertragenen Sinn – das Steuer aus der Hand geben und unbeschwert auf dem Beifahrersitz loslassen. Eine völlig neue Erfahrung: sich anlehnen zu können.

Überlassen wir kurz das Paar seinem Schicksal, um das Geschehen bei der Partnerwahl besser zu verstehen.

## 2 . Ähnlich sein oder gegensätzlich?

*„Gleich und Gleich gesellt sich gerne"* ist eine Möglichkeit, Gefallen aneinander zu finden. Man hat sich etwas zu sagen und entwickelt von Anfang an ein Gefühl von Vertrautheit und Zugehörigkeit.

Auch Peter und Gaby kommen aus derselben Kleinstadt, besuchten das gleiche Gymnasium. Beide sind naturverbunden, wandern gerne.

Selbst die gemeinsamen Motorradausflüge sehen auf den ersten Blick nach Übereinstimmung aus. Doch erst Jahre später wird sich herausstellen, dass Gaby in ihrer Verliebtheit Ängstlichkeit überspielt und sich Peter völlig anpasst hatte.

Meist sind es jedoch die *Gegensätze*, die sich *anziehen*. Fasziniert von der Andersartigkeit des Gegenüber verlieben sich zwei ineinander. Oft liegen die Unterschiede im Naturell, im Lebensgefühl, in Lebensstrategien und in Werten. So finden sich:

Der Bedächtige          und der Spontane
Der Vorsichtige         und der Experimentierfreudige
Der Sportliche          und der Musische

Damit sich überschneidend ist die „romantische Liebe" meist auch eine sog. *„Übertragungssliebe"*. Zwei haben ein gemeinsames Thema, bei dem sie jedoch verschiedene Rollen spielen. Dabei überträgt jeder auf den anderen das, was er in seiner Kindheit in dieser Hinsicht selbst nicht leben konnte. Eine Neuauflage der Kindheitssituation.

Für unser Paar ist ein gemeinsames Thema:

• *„Selbständigkeit gegenüber Geborgenheit"*:
*Peter* trieb sich als Kind viel in den Wäldern herum, auf der Flucht vor einer kalten häuslichen Atmosphäre. Die fehlende Erfahrung von Wärme überträgt er nun auf Gaby. Denn die hatte genug davon bekommen, was sie auch ausstrahlt.

Was *sie* wiederum zu wenig lernen konnte, war Eigenständigkeit, eben das, was sie bei Peter bewundert, und was sie auf ihn überträgt. Er lebt es stellvertretend für sie. Ähnlich bei einem weiteren Thema:

• *„Helfen gegenüber sich helfen lassen"*
*Peter* fungierte als eine Art Partnerersatz für seine in der Ehe unglückliche Mutter; bei kleinen Mädchen, die er gegen böse Nachbarbuben verteidigte, übte er die Retterrolle weiter ein. Das selbst nicht erfahrene „Hilfe-Bekommen" überträgt er auch auf Gaby, bei der er sich ja mit einer Rettungstat einführte.

Umgekehrt lehnt *Gaby* sich an Peter an und überlässt ihm die Beschützerrolle, die sie selbst nie spielen musste.

J. Willi bezeichnet eine solche Konstellation als **„Kollusion"**[16], als Zusammenspiel mit verteilten Rollen. Dabei ist einer ( A) in der „starken" oder „progressiven" Position, der andere (B ) in der „schwachen" oder „regressiven" Rolle. Die Themen, um die es in diesem Zusammenspiel geht, heißen – leicht abgewandelt:

– A pflegt und umsorgt, B lässt sich „bemuttern", „bevatern".
– A ist selbständig und führt, B passt sich an.
– A spielt den Meister, B ist bewundernder Schüler.
– A als Supermann, B als Superfrau.

Bis zu einem gewissen Grad tauchen alle diese Themen in jeder Ehe und Paarbeziehung auf, auch wenn meist eines im Vordergrund steht. Solange die Partner nicht auf ihre Rolle völlig fixiert sind und auch einmal die Positionen tauschen, liegt das im gesunden Bereich. Oder zumindest: Man sehnt sich danach, die andere Rolle zu erfahren.

PETER     ←——→     GABY

| | |
|---|---|
| Zwar eine ausgeprägte Führungsnatur, sehnt sich aber auch danach, mal Verantwortung abzugeben. Vielleicht auch etwas mehr Geselligkeit und Wärme? | Zwar sehr anpassungsfähig, aber auch neugierig : Wie wäre es, mal den Ton anzugeben? Oder auch etwas auf eigene Faust zu unternehmen? |

In vielen Kulturen wird dieses Phänomen auf ähnliche Weise erklärt:
Nach dem griechischen Philosophen Plato schnitten die Götter den einst kugelförmigen Mensch in zwei Hälften auseinander als Strafe für seine Überheblichkeit. Seitdem irren beiden Teile in der Welt umher, ständig auf der Suche nach der verlorenen Hälfte.

Ähnlich berichtet die biblische Schöpfungsgeschichte davon, dass Gott aus dem ursprünglich zweipersonigen Adam eine Rippe entnahm, daraus Eva bildete und somit auch eine Trennung zwischen dem Männlichen und Weiblichen. Weniger aber um zu bestrafen, als eine Wende zum Besseren, eine schöpferische Spannung zu schaffen. Entwicklung nimmt so ihren Anfang und führt letztlich zur Geburt der Liebe.[17]

## 3. Das Risiko der romantischen Liebe

Leider währt das anfängliche Glück des Verliebtseins selten lange. Statt sich *aufeinander zu* zu entwickeln, richtet man sich träge in seiner Unterschiedlichkeit ein, verschraubt gewissermaßen die beiden Hälften miteinander.

Doch bald kommen erste Spannungen auf und das anfangs beim anderen Bewunderte geht einem mehr und mehr auf die Nerven. Man beginnt einander mit kritischen Augen zu sehen und entsprechend *ab*zuwerten.
– *Peter, durch die Brille von Gaby betrachtet:*
Zunächst als „gelassen" und „ruhender Pol" bewundert. Dann als „wortkarg" und schließlich als „gefühlsarm" gesehen.
Seine „dynamische" Art wird zu „bestimmend" und „tyrannisch".

– *Gaby, gesehen aus Peters Blickwinkel:*
Anfangs als „lebhaft", dann als „überdreht" und schließlich als „hysterisch". – Ihre ursprünglich so geschätzte „Anpassungsfähigkeit" verwandelt sich in seinen Augen allmählich in „Aufdringlichkeit" und dann in „Unselbständigkeit".

Und als ob das alles nicht schon reichen würde: Es kommt noch schlimmer: Nachdem man ganz am Anfang für einige Zeit in die Welt des andern eingetaucht war, fällt nun jeder allmählich immer stärker in seine ursprüngliche einseitig- starre Haltung zurück, ja wird noch „einseitiger" als zu Beginn. Es kommt zu einer zunehmenden *Polarisierung.* Jeder entfernt sich immer weiter vom andern, lehnt sich – wie in einem Boot – auf seiner Kante immer weiter nach außen.

Unser Paar bei der *Kindererziehung,* bei Fragen: Wie gesittet müssen Kinder essen? Wann sollen sie ins Bett?

| PETER | GABY |
|---|---|
| Von Anfang an konsequent, wenn auch maßvoll | Zunächst eher normal großzügig, Ausnahmen darf es geben |

In **guten Zeiten** trafen sie sich irgendwo in der Mitte
fanden eine gemeinsame Linie. Sie ergänzten sich.

| | |
|---|---|
| Er wird immer strenger, um ihren Erziehungsstil auszugleichen: „Einer muss ja für Ordnung sorgen." | Sie wird immer großzügiger, um ihn zu korrigieren: „Ich wenigstens sorge für eine warme Atmosphäre." |

**Mit zunehmender Aufschaukelung**

| | |
|---|---|
| Seine Erziehung wird Dressur: „Ab ins Bett!" oder „Keine Widerrede!" | Sie lässt alles nur noch laufen; die Kinder tanzen ihr auf der Nase herum. |

Jeder ist wütend auf den *anderen.* Aber im Grunde ist jeder
auch *mit sich selbst* unzufrieden.

| | |
|---|---|
| Im Einzelgespräch: „Ich kenne mich selber nicht mehr. So streng wollte ich ja auch nicht sein." | Im Einzelgespräch: „So mag ich mich eigentlich selber nicht, so chaotisch. Aber was bleibt mir anderes übrig?" |

Was ich an diesem Geschehen so verhängnisvoll finde: Bei einer „Entwicklung aufeinander zu" hätte dies jedem zum Heil gereicht, weil man ein bisschen „runder" geworden wäre. Nun aber:

Jeder fühlt sich jetzt nicht nur *nicht mehr wohl*, sondern erfährt anstelle möglichen Heils sogar *Un-Heil*. Nicht nur keine Weiterentwicklung, sondern: *Rückentwicklung, Schrumpfen, Starre*.

Anziehung    ,Verschrauben' Erste Risse   Auseinanderbrechen

*Abb. 3*

## 4. Die Chance der romantischen Liebe

Sich zu verlieben ist eine wunderbare Sache: Jeder fühlt sich vom anderen völlig angenommen und geliebt, darf seine Maske fallen lassen und einfach so sein, wie er ist.

Peter erlebt ganz erstaunt, dass Gaby seine – von andern oft gerügte – Schweigsamkeit sehr beruhigend findet.

Umgekehrt erfährt Gaby – von vielen für hektisch gehalten –, dass Peter das als „ansteckende Lebendigkeit" schätzt.

*„Es ist, wie es ist" sagt die Liebe* – nach Erich Frieds bekanntem Gedicht. Doch nicht genug des Guten: Man dürfte sogar so werden, wie man *sein könnte*. Liebe ermutigt zum eigenen Leben, zum Ausschöpfen von bisher noch nicht genutzten Möglichkeiten.

Peter taut in Gabys Nähe richtig auf, wird locker und gefühlhaft, sodass Freunde sich verwundert die Augen reiben.

Und Gaby – die sonst eher Ängstliche – wächst über sich hinaus und schwingt sich auf Pferderücken und Motoradsättel, als hätte es nie etwas anderes gegeben.

Was der andere so reichlich hat, wirkt ansteckend. Zumindest ein wenig davon könnte man brauchen. Wie wäre es, sich zusammenzutun?

Wenn Peter zärtlich durch Gabys lange Haare streicht, kommen wehmütige Gefühle in ihm hoch, so wie dem Reiter in Rilkes Gedicht: „… einmal die Haare offen tragen … nicht immer Soldat sein … "

Während Gaby auf dem Motorrad ihre Arme Halt suchend um Peters Oberkörper schlingt, spürt sie bis unter die Haut: Von dieser Kraft und Zielstrebigkeit könnte sie eine Menge brauchen. Die beiden verbringen einen wunderbaren Sommer zusammen.

Doch jeder Sommer geht einmal zu Ende. Irgendwie scheint es auf Dauer nicht zu gelingen, beide Hälften einfach zusammenzuschrauben und das einem selbst Fehlende beim Partner abzulegen und dort zu lassen. Wie wir gesehen haben, kommt es zu gegenseitigen Abwertungen, die sich aufschaukeln und zum Bruch führen.

Also, statt Schrauben anzubringen: Beginnen, *sich selbst ausdehnen und zu entwickeln in die gewünschte Richtung.* (a) Dabei schaue ich dem andern etwas ab, was der in Fülle hat. Gleichzeitig darf ich auch – ohne meinen Kern zu verlieren – gewisse Einseitigkeiten abbauen, ein paar Kanten abschleifen. (b) Meine einst so eckige, sich nach Ergänzung sehnende Hälfte wird weicher, runder und könnte sich allmählich mit der des Partners in einem freien Tanz harmonisch verbinden, ohne dass es Schrauben und Klebstoff bräuchte. Eigenständig und doch nahe.

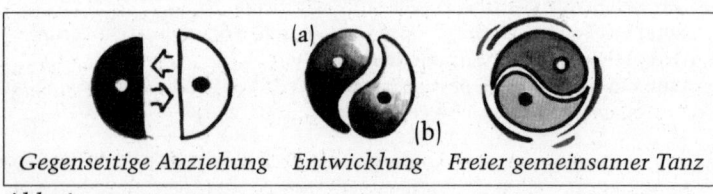

(a)

(b)

*Gegenseitige Anziehung   Entwicklung   Freier gemeinsamer Tanz*

Abb. 4

*Peter* wirft weder seinen klaren Verstand noch seine Selbstdisziplin über Bord. Nur geht er jetzt mit sich selbst etwas nachsichtiger um und kann sich auch mal treiben lassen. Insgesamt wird er offener, weicher und einfühlsamer. Er lässt sich sozusagen die Haare wachsen.

Umgekehrt muss *Gaby* nicht ständig Leute um sich herum haben, sondern findet Gefallen daran, auch einmal alleine loszuziehen, sich ein eigenes Zimmer einzurichten, wenn nötig auch einmal zu streiten und insgesamt Verantwortung für sich selbst zu übernehmen. Dazu gehört auch Selbstdisziplin, die sie im Sport einübt. Neuerdings trägt sie gerne Hosenanzüge und entdeckt den Reiz, in einer Beziehung auch einmal die „Hosen anzuhaben".

Auch bei den *Rollenmustern* wäre eine gesunde Entwicklung: der „Starke" steigt aus seiner einseitigen Rolle aus, nicht nur, weil er sich zunehmend überfordert fühlt, sondern weil er sich nach einer neuen Erfahrung sehnt. Endlich möchte er sich auch einmal anlehnen oder sich umsorgen lassen.

Und entsprechend will der „Schwache" auch einmal führen, versorgen, im Vordergrund stehen. Damit wäre der Weg dafür frei, gemeinsam die Beziehung auf eine neue Ebene zu heben.

Doch nicht selten verweigert der Partner dem Veränderungswilligen die Mit-Entwicklung. Oder er reagiert so verzögert, dass der erste die Geduld verliert.

Auch wenn beide sich in etwa gleichzeitig auf den Weg machen, wachsen die Erweiterungsbäume nicht in den Himmel. Doch es geht ja gar nicht darum, so vollkommen zu werden, dass man den anderen gar nicht mehr bräuchte. Denn die Liebe liebt ja gerade das Unvollkommene. Man darf sich also durchaus – was den Kern betrifft – selbst treu bleiben und sich trotzdem weiterentwickeln.

Obwohl *Peter* nach wie vor leidenschaftlich und auch gut Auto fährt, genießt er es immer wieder einmal, das Steuer aus der Hand zu geben und es sich auf dem Beifahrersitz gemütlich zu machen.

*Gaby*, die sich immer gerne seinen Fahrkünsten anvertraut, ist doch zunehmend stolz darauf, den voll beladenen Wagen sicher im Griff zu haben, so offensichtlich, dass Peter – anfangs noch innerlich mitsteuernd –genüsslich die Augen schließt, einnickt und so den Rest an Kontrolle aufgibt, was schließlich deutlich hörbar wird.

So kann sich auch ein anfänglich häufiges Gefälle zwischen den Partnern abbauen und eine annähernde *Gleichwertigkeit* einstellen: Nach außen sichtbar und nach innen im Selbstwertgefühl spürbar.

Übrigens, zwei gleichwertige, aber verschiedenartige Partner bleiben füreinander auch erotisch interessant.

Gaby gibt seit einiger Zeit Sprachkurse, was ihr viel Anerkennung und auch manches Kompliment einbringt. Auch sonst pflegt sie regen Kontakt im eigenen Freundeskreis. Zunehmend fühlt sie sich Peter gewachsen.

Begreift ein Paar seine Liebesbeziehung frühzeitig als ein **gemeinsames Entwicklungsthema,** bräuchte es nicht zwangsläufig irgendwann zu einer *Außenbeziehung* oder gar zu einer *endgültigen Trennung* kommen.

*Peter* findet seine Kollegin Ruth schon recht attraktiv und beginnt auch mit ihr zu flirten, ohne sich dann aber doch weiter auf sie einzulassen. Ist nicht seine Gaby mindestens so interessant? Seit sie den Malkurs besucht, zieht sie sich besonders fesch an und wirkt noch erotischer als ganz am Anfang.

*Gaby* ihrerseits empfindet mehr als Sympathie für Jürgen, ihren Lehrer im Malkurs. Sein heftiges Werben und gelegentliche Umarmungen genießt sie durchaus; doch – obwohl sie Peter nichts von ihrem Flirt erzählt hatte – ist *der* gerade in letzter Zeit besonders aufmerksam geworden; unübersehbar hat er sich zu einem einfühlsamen Mann gemausert, der zunehmend Gefühle zeigt und zuzuhören gelernt hat. So belässt sie es – Jürgen betreffend – schließlich bei ihren schönen Erinnerungen und gelegentlichen Fantasien.

Mag – statistisch gesehen – die Chance für die romantische Liebe nicht sehr groß sein. Ein Naturgesetz ist Scheitern auch hier nicht. Allerdings wird deutlich:

- Eine *Stärke* wird dann zur *Schwäche*, wenn ich sie brach liegen lasse. Nichts Lebendiges kann einfach so bleiben, wie es ist.
- Eine *Schwäche* kann zu einer *Stärke* werden, wenn ich sie als Herausforderung sehe und entsprechend handle.

Soll das, was anfangs die Stärke der romantischen Partnerwahl war – ein gesteigertes Lebensgefühl verbunden mit der Erfahrung totalen Akzeptiertseins –, auch noch nach Jahren eine Stärke „bleiben" oder vielmehr immer wieder „werden", dann muss sie den geschilderten Entwicklungsweg nehmen. Wiederholt zu erfahren, wie man selbst und mit dem andern wachsen kann, erhält lebendig. Und wenn man in kluger Weise auch genügen Abstand in das Zusammenleben einbaut, kann sich eine gewisse Neu-Gier[18] immer wieder einstellen: Wo steht der andere gerade? Wohin entwickelt er sich im Augenblick? Welche neuen Seiten tun sich gerade auf? Seine immer noch vorhandene Andersartigkeit bleibt dann weiterhin ein spannender Reiz, ein Anreiz, fast so wie am Anfang.

Ein solcher Prozess **gemeinsamer Entwicklung** ist eine Lebensaufgabe. Gelegentlich professionelle Hilfe in Anspruch zu nehmen, besonders wenn es kritisch wird, könnte nicht schaden, schon um Aufschaukelungen zu verhindern. Sich das alles nur vorzunehmen, reicht bei weitem nicht. Manche tief sitzenden Haltungen und Rollenmuster können nicht auf Knopfdruck überwunden werden. Oft ist tiefenpsychologische Arbeit nötig. Zusätzlich wird das zu Lernende zunächst außerhalb der Beziehung eingeübt werden müssen in Selbsterfahrungsseminaren, Trainingsgruppen und unzähligen Alltagssituationen. Auch regelmäßiger Austausch mit befreundeten Paaren könnte das Thema am Leben halten.

> Wer (von Liebe) redet, liebt nicht
> und wer wirklich liebt, redet nicht.
> *Frei nach Laotse*

## B) Vom Verliebtsein zur reifen Liebe

„Du kannst mich nicht verlassen, *ich liebe dich* doch", ruft mancher verzweifelt aus, wenn sein Partner sich zu gehen anschickt, am Ende einer Geschichte, die ebenfalls mit einem „Ich liebe dich" begann.

Doch in beiden Situationen – wie in 99 Prozent der Fälle – kann man diese Worte ohne weiteres ersetzen durch ein „Ich **brauche** dich", manchmal auch ergänzt durch ein „Ich kann ohne dich nicht leben".

So menschlich es ist, bedürftig zu sein, so redlich wäre es, offen dazu zu stehen. Denn Liebe vorzutäuschen, hat erpresserische Züge, weil es im anderen Schuldgefühle auslöst, wenn er Abstand sucht. Darf man jemanden, der einen zu lieben vorgibt, verlassen?

Trotzdem: Auch wenn wir letztlich den andern brauchen: Was wäre die Welt ohne „Liebesgefühle"? Wir erleben uns beschenkt, beglückt, befriedigt in unseren tiefsten Bedürfnissen nach Geborgenheit, Lust und Ekstase. Aber *Liebende* sind wir deshalb noch lange nicht, bestenfalls *Geliebte*.

Und so *brauchen* wir eben andere Menschen für all diese Bedürfnisse nach Nähe, intensivem Lebensgefühl, Bestätigung, Unterstützung …

*Lieben* jedoch ist – wie Erich Fromm eindrucksvoll darlegt – in erster Linie ein **Geben**: *Liebe ist, was Liebe tut.*

### 1. Das Geheimnis des Sich-Verliebens

Wie schon beschrieben – und nüchtern betrachtet – ist Sich-Verlieben eine zauberhafte Mischung aus gegenseitiger Befriedigung kindlicher Bedürfnisse (Übertragungsliebe) und erotischer Anziehung.

Im Erleben aber ist es ein einziges Geschenk, ein Wunder: Wenn mir der Geliebte zuflüstert: „Du bist schön", dann werde ich – für alle unübersehbar – auch wirklich schön, mag ich nach objektiven Maßstäben noch so hässlich sein. Wie ist es möglich, dass der andere – genauso unvollkommen wie ich und ebenso auf der Suche nach dem ihm Fehlenden –, solche Schöpferkraft entwickelt? Ob sich hier eine andere, „höhere Kraft" unserer bedient und durch uns wirkt? Das könnte für uns verpflichtend sein, selbst auch einen Beitrag zu leisten zur Entfaltung unseres Potentials, ähnlich dem Diener in einem biblischen Gleichnis, der seine Talente nutzte, statt sie zu vergraben.

Vielleicht erinnern sie sich, wie *Gaby* sich auf Dauer nicht auf ihre langen blonden Haare und ihre für Peter so reizvolle Stupsnase verließ, sondern zu ihrer Weiblichkeit eine Portion selbstbewusster Herbheit, Zielstrebigkeit und Risikobereitschaft hinzuentwickelte.

Entsprechend ruhte *Peter* sich nicht auf seiner Bodybuilder-Figur aus, sondern entdeckte seine langsamen, zärtlichen Hände, wurde bei aller Dynamik und Selbstdisziplin zu einem einfühlsamen Mann.

Beide haben sich nicht zurückgelehnt und gewartet, bis Unbehagen, Abwertung und Hass aufkeimten. Jeder hat – angeregt durch den anderen – seine Entwicklung in die eigene Hand genommen.

Geliebtwerden führt zur **Selbstliebe,** dazu, sich selbst besser akzeptieren zu können und sich entfalten zu wollen. Wenn wir irgendwann eines Tages wirklich **liebesfähig** werden wollen, dann nicht auf dem Hintergrund großer Bedürftigkeit und verbissener Opferbereitschaft, sondern nur auf dem Boden einer gewissen Fülle.

*Denn nur wer hat, kann auch geben.*

## 2. Im Alltag: gegenseitige Bedürfnisbefriedigung

Zurückgekehrt von den Höhenflügen der romantischen Liebe auf den Boden nüchternen Alltagslebens: Jetzt geht es erst einmal nicht um das große Entwicklungs-„Heil", sondern einfach um ausreichendes „Wohl": Kann man sich einigermaßen aufeinander verlassen? Bekommt man das vom anderen, was man braucht?

• In einem fairen Team: Genügend Unterstützung, etwa bei der Kindererziehung?

- Als Freunde: Darf ich gelegentlich meine Sorgen beim andern abladen? Geteiltes Leid . . .
- Kann ich mit ihm auch meine Freude teilen?

Mit diesen Themen werden wir uns in den nächsten Kapiteln noch ausführlich beschäftigen.

Viele kritische Stimmen halten das Ziel gegenseitiger Bedürfnisbefriedigung und die Suche nach Wohl und Glück in Ehe und Paarbeziehung für unrealistisch, wenn nicht sogar für gefährlich. „Der Terror des Bildes der ‚glücklichen Ehe' richtet großen Schaden an"[19] heißt es da. Oder: „Für ein glückliches Zusammenleben ist die Ehe eher ein schlechter Ort. Man lebt zu nahe beieinander und reibt sich zu heftig."[20]

Meine Meinung dazu: Bei aller Bedeutung, die Entwicklungsarbeit in einer Paarbeziehung hat: Ich finde es legitim und zum Teil durchaus „machbar", sich in einer partnerschaftlichen Paarbeziehung – zeitweise und in bescheidenem Maße – wohl und glücklich zu fühlen .Das allerdings erfordert viel Arbeit.

Sitzen zwei im selben Alltags-Boot, können auf Dauer nur entweder *beide verlieren* oder *beide gewinnen*. Wenn jeder ausreichend zum Zug kommt, ist er auch zu einem **Liebesdienst** außer der Reihe bereit.

*Peter* liegt in der Hängematte, liest Zeitung, raucht genüsslich seine Pfeife: Alltagsglück pur! Da kommt *Gaby* daher und bittet ihn – ausgerechnet jetzt – um eine Nackenmassage wegen ihrer Kopfschmerzen. Verständlich, dass Peter einen Augenblick zögert.

Die Zeitung weglegen, die Pfeife ausgehen lassen? Doch da es ihm mit Gaby insgesamt recht gut geht, ist für ihn klar: Er schraubt sich aus der Hängematte hoch und tut ihr den Gefallen, den erbetenen Liebesdienst. Und der zeigt Wirkung. Gaby entspannt sich zunehmend, lächelt ihren Masseur an, erst dankbar bloß und dann auch ein wenig verführerisch. Und auf einmal kriegt Peter richtig Spaß an seinem Tun. Wer Gebender und wer Nehmender ist, lässt sich auf einmal nicht mehr so genau unterscheiden. So ist das mit Liebesdiensten: Hemmungslos entwickeln sie oft eine Eigendynamik.

Was an diesem Beispiel deutlich wird: Wenn ich etwas gebe, bekomme ich nicht bloß etwas Ähnliches zurück, sondern ein zusätzliches Geschenk: Die Freude, die ich beim andern auslöse, strahlt auf mich zurück. Es entsteht etwas Neues, eine neue **Qualität**, eine andere **Energie.**

Um das Ziel dieses Buchs nicht aus den Augen zu verlieren: Dieses Alltagsleben gelingt nicht ohne Arbeit und das bedeutet auch Miteinander-Reden. Im Überblick:

Die **Rolle der Sprache:**
Im Verliebtsein findet man von selbst die richtigen Worte. Der Alltag jedoch verlangt, die Kunst partnerschaftlichen Gesprächs von Grund auf zu erlernen:
– **Wünsche offen und klar äußern** (vgl. S. 130 ff.)
– **Aushandeln** im Teambereich (vgl. S. 171 ff.)
– **Gefühle äußern** ( vgl. S. 138 ff.)
– **Zuhören** (vgl. S. 151 ff.)
– **Konflikte fair ausstreiten** (vgl. S. 176 ff)

Für das alltägliche Zusammenleben bietet sich – das eigene **Wohl** und das des Partners im Blick – der nüchterne, der Bibel entlehnte Grundsatz zur Orientierung an:

Ich liebe den Nächsten – etwa **genauso – wie mich** selbst.

> Meine Nächstenliebe besteht darin,
> ihm zur Geburt seines eigenen Wesens zu verhelfen.
> *Antoine de Saint-Exupéry*

## 3. Verantwortung füreinander tragen

„Ich weiß genau, du hast die Süßigkeiten irgendwo im Keller versteckt. Bitte, bitte, bring mir ein paar Pralinen mit!" Was jetzt tun? Habe ich das **Wohl** des Bittstellers im Auge, werde ich ihm den Gefallen tun. Liegt mir aber sein **heil werden** – hier im Sinne von „langfristig gut für ihn" – am Herzen, reagiere ich vielleicht anders, gespielt liebevoll-schroff: „Von mir kannst du jede Menge Karotten kriegen, aber keine einzige Praline!" Jetzt wird mit Sicherheit ein großes Gejammere anheben über soviel Herzlosigkeit. Doch bald räumt mein mittlerweile karotten-kauender Partner kleinlaut ein: „Das mit dem Süßigkeitenver-steck ist schon in Ordnung. Du weißt ja, dass ich abnehmen will. Danke für deine Unterstützung!"

Natürlich sollte ich nicht durchgehend Papa oder Mama spielen. Aber ausnahmsweise darf ich schon – mit Billigung durch den Partner – ein wenig für ihn oder an seiner Stelle denken, wenn ich weiß, was gut für ihn ist. Ihn damit **liebevoll zu konfrontieren** ist dann Ausdruck dafür, mich für ihn verantwortlich zu fühlen.

Gaby hatte kürzlich Peter zu einem Geschäftsessen begleitet. Verwundert registrierte sie dabei, wie Peter – anders als gewohnt – herablassend und ironisch mit Kollegen umging. Am nächsten Tag – nach langem Zögern – spricht sie ihn an: „Ich möchte dir gerne sagen, wie ich dich gestern erlebt habe. Ist es dir recht?" Und nach Peters Einwilligung fährt sie fort: „Ich habe die Art, wie du mit deinen Kollegen geredet hast, als abwertend und von oben herab empfunden." Worauf Peter gereizt kontert: „Jetzt hackst du auch noch auf mir herum." Doch Gaby lässt nicht locker: „Ich will dich nicht verurteilen. Ich habe einfach Angst, du könntest dir Schaden zufügen bei der Arbeit." Jetzt hat Peter verstanden, dass ihre Kritik aus Sorge um ihn geschieht. „Tut mir Leid, ich weiß, du meinst es gut. Außerdem hast du Recht. Ich muss bei mir was tun." (Vgl. S. 157 ff.)

Eine wesentliche Variante, sich für den andern verantwortlich zu fühlen: Seine **Entwicklung fördern.**

„Die Förderung von Unabhängigkeit ist liebevoller als die Versorgung von Menschen."[21]

Peter ist auf Gabys Bitten sofort bereit, Urlaub zu nehmen und die Kinder zu betreuen, um ihr eine Fortbildung zu ermöglichen.

Nochmals auf andere Weise könnte man dem Heil des Partners dienen: Wenn es um das **Ausheilen** alter Wunden geht, darf ich manchmal – ohne gleich in eine Therapeutenrolle schlüpfen zu müssen – den anderen ermutigend und bestärkend in den Arm nehmen.

## 4. Lieben – Einsein mit allem

Hand in Hand mit der allmählichen Herausbildung eines „transzendenten Selbst" (vgl. S. 32 ff) richte ich meine Antennen ein wenig weg von der Partnerbeziehung hin zu meiner Um- und Mitwelt. Einerseits bildet sich ein ausgeprägtes Mitgefühl und

Verantwortungsgefühl für *alles um mich herum* aus. Zum andern spüre ich aber auch, dass sich für mich selbst eine neue Art von Zugehörigkeit und Sinn auftut.

Da gäbe es eine Menge zu tun, etwa Not verschiedenster Art zu lindern. Insofern hat Liebe den Charakter des Wirkens in der Welt. Dass ich bei dieser Gelegenheit gute Spuren hinterlasse, macht den Gedanken an meine Vergänglichkeit etwas erträglicher.

So spielt Peter mit dem Gedanken, sich in der Zeit nach den Kindern politisch für Klimaprojekte zu engagieren.

Gaby holt ihre Krankenschwesterausbildung nach, um sich in einer für sie sinnvollen Weise sozial nützlich zu machen. In der Zwischenzeit leitet sie eine Mutter-Kind-Gruppe.

Beide überlegen außerdem, ob sie nicht – nach Abschluss des „Projekts Kinder" – ein neues gemeinsames Projekt im Zusammenhang mit einer Umweltorganisation auf die Beine stellen wollen.

So segensreich ein solches Wirken in die Welt hinein sein mag: Leicht jedoch kann man den Blick dafür verlieren, was der andere *wirklich braucht,* wofür das berüchtigte Helfersyndrom ein klassisches Beispiel ist. Da geht es mehr um das eigene Ego als um den Hilfsbedürftigen.

Ein lustiges, aber sehr bezeichnendes Beispiel dafür: Ich war als Junge jahrelang katholischer St.-Georgs-Pfadfinder. Dort herrscht die Pflicht, jeden Tag eine gute Tat zu vollbringen. Treffen sich abends zwei Pfadfinder, der eine völlig verschwitzt. Auf die Frage seines Freunds, woher das komme, meint er, er habe den ganzen Tag nicht mehr an die gute Tat gedacht und sie jetzt noch auf die Schnelle hinter sich gebracht: Eine alte Frau über die Straße geführt. Was daran so anstrengend gewesen sei, will der andere wissen. „Alles", antwortet unser Held. „Die Frau wollte einfach nicht auf die andere Straßenseite ..."

Natürlich braucht unsere Welt materielle Werte und tatkräftiges Handeln, wobei ich den Begriff „Materie" sehr weit fasse im Sinne von sichtbar, greifbar, messbar. Gerade in unterentwickelten Ländern kann durch die Lieferung von Nahrungsmitteln, Kleidern, Medikamenten große Not gelindert werden. Und das muss alles auch geplant werden.

Andererseits lautet ein bekannter Grundsatz der Entwicklungshilfe, Menschen nicht so sehr „Fische zu geben", als sie vielmehr das „Fischen zu lehren": ihnen helfen, sich selbst zu helfen.

Eine weitere Dimension stellt sich ein, wenn es um einen Beitrag zum Leben anderer geht, der überhaupt nichts mehr mit Materie zu tun hat, sondern mit Energie. Wobei das eine das andere nicht ausschließt.

In der *Partnerschaft* ist zu unterscheiden:

• wo *handfestes Handeln* angesagt ist, damit deutlich sichtbar etwas geschieht, vor allem im Teambereich, wo es um gegenseitige Unterstützung geht. Oder beim Zuhören, wo man sich erst einmal viel Zeit für den anderen nehmen muss. Doch auch hier bestimmt letztlich die Atmosphäre, die man erzeugt, von welcher Qualität das Geschehen ist.

• wo man sich überhaupt nicht vorzunehmen braucht, etwas Sicht- und Messbares zu produzieren, weil alleine *Energie und Atmosphäre* zählen. Wenn ich hier weitgehend mich selbst und die von mir ausgehende Energie in die Beziehung einbringe, dann heißt das nicht, wie schon mehrfach erwähnt, dass ich dauernd den andern anzulächeln hätte. **Gute Energie** fließt dort, wo wir mit uns selbst im Einklang sind und uns zu uns selbst bekennen, ganz gleich, ob wir fröhlich, ärgerlich, ängstlich oder traurig sind.

Gerade dann, wenn wir auch zu unseren Schattenseiten stehen, beschenken wir den Partner: Wir geben ihm einerseits zu verstehen, dass wir Vertrauen zu ihm haben. Zum anderen ermuntern wir ihn, seinerseits aus seinem Schneckenhaus herauszukommen und sich zu öffnen.

Ich möchte im Folgenden zwei Methoden beschreiben, die dabei helfen können, zunehmend mit sich ins Reine zu kommen und in diesem Zustand eine Energie auszustrahlen, die auf die Umwelt wohltuend wirkt.

---

• Die *Weichen stellen für gute Energie:*
Zukunft lässt sich in der Gegenwart vorbereiten. Der „Budo"-Weg – eine Synthese zwischen Taoismus und Buddhismus – ist eine Möglichkeit dazu. Ich selbst kam als junger Mann bei einem längeren Aufenthalt in Japan damit in Berührung und praktizierte dann in der Folge Aikido und Judo. Weit über kulturelle Eigenheiten hinaus ist für mich Budo eine auf sanfte Weise einübbare Grundhaltung der Achtsamkeit und

Gelassenheit. Am besten beginnt man mit dem Üben, wenn im Alltag etwas Neues beginnt: wenn man aus dem Auto steigt, den Raum verlässt o. ä.

– Zunächst orientiert man sich am „JUDO-Prinzip", was größtmögliche Leichtigkeit bedeutet. Ausgangspunkt ist der Ist-Zustand: Wie verspannt, hektisch, kurzatmig, eitel … bin ich im Augenblick unterwegs? In sanfter Weise könnte ich das korrigieren, im Sinne von: „Wie wär's ein bisschen langsamer …?" Zunehmend komme ich im Feld der Schwerkraft ins Lot und in Harmonie.

– Jetzt kommt das „MUDO-Prinzip" hinzu, was heißt: Statt ehrgeizige oder sorgenvolle Gedanken zu hegen – bezogen auf Vergangenheit oder Zukunft –, konzentriere ich mich ganz auf die Gegenwart: Ich sehe, höre, spüre, rieche …

Beides, gelassenes und präsentes Alltagshandeln, führt dann dazu, dass auch in der Begegnung mit Menschen eine entspannte Atmosphäre entsteht – beim Einparken, an der Supermarktkasse, in der Arbeit. Mit einer solchen Einstellung braucht man sich nicht pfadfinderhaft fragwürdige gute Taten vorzunehmen. Wie Laotse sagt: Man sollte „mindern", d. h. Vorsätze, Absichten sein lassen. Aus der geschilderten Haltung heraus kommt es dann zu einem spontanen Handeln – „Wuwei" genannt –, das genau dem entspricht, was die Situation erfordert. Ohne vorsätzlich etwas tun zu wollen:

*„Bleib' ohne Tun, nichts, was dann ungetan bliebe."* [22]

Das kann ein spontanes Lächeln sein, aber auch ein spontanes selbstbewusstes „Lassen Sie das bitte!" Auf dem Hintergrund einer gewachsenen achtsamen Haltung wird es stimmig sein.

• **Von „schlechter" zu „guter" Energie kommen.**

Während sich mit der Budo-Methode jederzeit die Weichen für eine gute Energie stellen lassen, eignet sich die weiter unten beschriebene Methode des Ent-Etikettierens dazu, bereits vorhandene negative Energie (z. B. Schuldzuweisungen) in gute Energie (z. B. eigenes Grundgefühl der Enttäuschung) zurückzuverwandeln (vgl. S. 147 ff.).

Kommen wir nochmals auf unseren Pfadfinder zurück. Statt mit Gewalt ein völlig unpassendes Programm „Gute Tat als Pflicht" an der alten Dame durchzuboxen, hätte er sich auf den hier vorgestellten Weg machen können. Lassen wir ihn um 20 Jahre älter und verheiratet sein und nennen wir ihn X: X hätte als erstes sein Programm wahrgenommen und in Frage gestellt. Dann hätte er in seinen Körper hineingespürt und festgestellt, erschöpft zu sein und Ruhe zu brauchen. Für heute das Programm über Bord zu werfen und sich einzugestehen, ein „schlechter" Pfadfinder zu sein, hätte er sich jetzt liebevoll gegönnt.

Der Partnerin davon erzählen und auch von seiner Angst, den Arbeitsplatz zu verlieren. Der aber auch geduldig zuhören, wenn sie von ihren Sorgen berichtet. – Dann wäre X – inzwischen entspannter – noch weggegangen, wobei ihm Folgendes unterlaufen wäre: Ohne es zu beabsichtigen, hätte er einem Nachbarn, den er eigentlich nie leiden konnte, freundlich zugewunken. Unerklärlich, wie ihm so etwas passieren kann.

(Übrigens hätte sich der Nachbar sehr über den unerwarteten Gruß gefreut, was ihn wieder 5 Minuten später rätselhafterweise zum Tankwart hätte freundlich sein lassen. Der wiederum wäre wieder zum nächsten Kunden recht zuvorkommend gewesen und so wäre das – *Sie* werden es bereits ahnen – ständig weitergegangen, wäre völlig außer Kontrolle geraten.)

*Fazit*: Es hätte zu einer ganzen Menge kleiner bescheidener Ereignisse kommen können, die alle von guter Energie durchsetzt gewesen wären, einer Energie, die sich lawinenartig ausbreitet und niemals mehr im Universum verloren geht. Nebeneffekt: Die alte Frau hätte auf ihrer Straßenseite bleiben können . . .


Die geschilderten Methoden mögen zwar exotisch klingen, orientieren sich aber an allgemein gültigen Gesetzmäßigkeiten. Jedoch müsste man sie ausreichend praktizieren, um sich von ihrer Wirksamkeit überzeugen zu können.

Wenn ich mit mir selbst in Harmonie bin und dadurch – weil energetisch gut unterwegs – gleichzeitig und ohne besonderen Vorsatz auch mit meinen Mitmenschen achtsam und liebevoll umgehe, dann passt das alte Modell des Hin und Her – einmal ich, einmal du –, nicht mehr so recht. Die Grenzen zwischen mir und dir verwischen sich und Einsein kommt in Sicht. Jetzt könnte man den biblischen Grundsatz auch so übersetzen:

*Ich liebe meinen Nächsten wie – d. h. **als** – mich selbst.*

Doch alle früheren Varianten der Liebe behalten ihren jeweils eigenen Wert und ihre eigene Zeit.

Erneut geht es *nicht um ein „Entweder-Oder"*, sondern um ein *„Sowohl-als-auch"* und um ein kluges *„Wann was?"*, die Wahlmöglichkeit, je nach Situation das eine oder das andere zu tun.

So darf ich mich weiterhin immer wieder einmal verlieben – am besten natürlich in den eigenen Partner. Dann sollte ich nach wie vor ein fairer Teampartner sein. Ferner bleibt gültig: mich in Maßen für den Partner verantwortlich zu fühlen – ihn zu seinem Eigenleben ermuntern, aber auch mit der Realität konfrontieren. Und schließlich darf ich mich dann, wenn die Checkliste abgearbeitet, der fällige Rasen gemäht und die weghängende Tapete wieder angeklebt ist – ein wenig taoistisch angehaucht – darauf verlassen, dass alles Übrige von alleine geschieht, aus meiner achtsamen Haltung heraus.

# IV. Fairness im Alltag

Im letzten Kapitel ging es um die große Linie, nämlich um die Weiterentwicklung der Anfangsbeziehung zu einer reifen Partnerschaft. Klang das in *Ihren* Ohren nicht sehr abgehoben, weit weg von der Realität? Denn darauf kommt es doch letztlich an: Dass der Alltag funktioniert und es dabei einigermaßen fair zugeht.

Ein Beispiel für die Kompliziertheit der heutigen Zeit ist die **Konflikthaftigkeit** einer „partnerschaftlichen" Zweierbeziehung. Anders als in der traditionellen Ehe ist hier so ziemlich alles auszuhandeln. Wenn dann noch selbstbewusste Partner ihre eigenen Vorstellungen von gemeinsamem Leben einbringen, wird es nicht unbedingt leichter.

So kommt man um die Kunst des „fairen Streitens" nicht herum, will man nicht schon ganz am Anfang stecken bleiben. (Vgl. S. 170 ff. In meinem Buch „Bevor die Fetzen fliegen" habe ich ausführlich darüber geschrieben.[23])

Nichts im Alltag ist selbstverständlich. Überall will ein *gemeinsamer Nenner* gefunden sein – bei Freizeitunternehmungen, beim Handhaben von Freiheit und Nähe, bei der Sexualität. Vor allem aber im **Teambereich**, wo Aufgaben warten, die mit Kindererziehung, Haushalt, Wohnungsgestaltung u. ä. zu tun haben. Auch wenn es hier „bloß" darum geht, dass der „Laden läuft", dass elementares Zusammenarbeiten **funktioniert:** Dies ist jedoch die Grundvoraussetzung dafür, dass auch alles andere, was schön und wertvoll sein könnte, eine Chance bekommt. Denn wenn sich hier zwei über längere Zeit das Leben gegenseitig schwer machen, wird das der Anfang vom Ende sein: Die Beziehung insgesamt verliert an Sinn.

In der Eheberatung gehört zu den Standardklagen von Frauen, sie fühlten sich von ihrem Partner im Alltag, vor allem bei der Kindererziehung, seit längerem im Stich gelassen und dächten deshalb an Trennung.

Raufen sich jedoch zwei – wie in einem sportlichen Wettkampf – immer wieder gut zusammen, dann stellt sich bei jedem auch ein gewisser Respekt vor dem Stehvermögen des anderen ein. Man achtet sich als gleichwertige Partner, die *Machtverhältnisse stimmen*.

Macht ist etwas ganz Normales. Zunächst in dem Sinne, dass man sich als „mächtig" erlebt, als jemand, der etwas bewirken und „machen" kann. Eine ebenfalls wichtige Variante ist die Erfahrung: Der andere braucht mich und ich selbst spiele nicht jedes Spiel mit. Wenn ich mir so Respekt verschaffe, nutze ich meine Macht nicht dazu, den anderen zu manipulieren, sondern ihn zu „zwingen", fair mit mir umzugehen.

## A) Faire und gerechte Regelungen

Zu Beginn einer Paarbeziehung dreht sich meist alles um Erotik, Sexualität und gemeinsame Unternehmungen. Das ändert sich schlagartig, sobald das erste Kind unterwegs ist. Für eine Frau ist der Mann jetzt nicht mehr so sehr als Liebhaber gefragt, sondern als ein Partner, auf den sie sich stützen und verlassen kann. Auf faire Weise Team zu sein, wird zum Thema Nr. 1.

Überall müssen *Regelungen* gefunden werden, bei denen der Stress einigermaßen gleichmäßig verteilt ist:
- *Kindererziehung*: Wer wickelt, wer hilft beim Einschlafen, wer bringt das Kind zum Arzt.
- *Geld:* Höhe des Haushaltsgelds, Höhe des Geldbetrags zur jeweils eigenen Verfügung, eigenes Konto u. a.
- *Wohnung:* Kann jeder ausreichend seine Vorstellungen verwirklichen? Für welchen Wohnbereich ist wer hauptverantwortlich?
- *Haushalt*: Wer verdient draußen das Geld, wer macht den Haushalt? Wie weit teilen sich beide die Rollen gleichmäßig auf?

Dabei sind auch jeweilige *Kompetenzbereiche* auszuhandeln, in denen einer *alleine verantwortlich* ist.
- Der Garten ist *ihr* Bereich. Selbstverständlich hilft er ihr aber, wenn es Schweres zu tragen gibt. Umgekehrt gehört das Auto zu *seiner* Zuständigkeit, was nicht ausschließt, dass sie gelegentlich Teilaufgaben übernimmt, wie z. B. Kundendiensttermine vereinbaren.

Dort, wo *gemeinsame Zuständigkeit* angesagt ist, müssten fällige *Entscheidungen* dann auch *gemeinsam* gefällt werden, um die Verantwortung auf beide Partner zu verteilen. Was auf andere Weise entlastet.

Der kleine Florian hat sich eine Platzwunde auf der Stirn eingehandelt. Was ist zu tun? Auf Nummer Sicher gehen und in die Klinik fahren, um nähen zu lassen? Oder ihn selber mit einem Pflaster verarzten? Statt einem allein die Verantwortung zu überlassen („Entscheide du, du kennst dich da besser aus."), wäre es fairer, die jeweiligen Konsequenzen gemeinsam durchzuspielen und im Falle einer falschen Entscheidung die Folgen gemeinsam zu tragen.

Bei manchen Konflikten scheint es sich um recht banale Dinge, um *„Kleinigkeiten"* zu handeln. Lohnt es überhaupt, sich deswegen zu streiten? Doch bei genauerem Hinsehen verbirgt sich dahinter nicht selten ein wichtiges Beziehungsthema, ein **Hintergrundkonflikt.**

- Thema *Eigenständigkeit:*

  *Sie* möchte unbedingt ein eigenes Konto einrichten. *Er* hält dem entgegen, sie könne doch jederzeit vom gemeinsamen Konto abheben, was zusätzliche Kontoführungsgebühren sparen würde. Doch sie merkt, dass es ihr um ein wichtiges Thema geht, und zwar um *Eigenständigkeit.* Denn dafür steht das Konto. Bei Abhebungen vom eigenen Konto braucht sie nämlich keine Kontrolle durch ihn zu befürchten, keine Rechenschaft abzulegen. Dafür nimmt sie gerne zusätzliche Kosten in Kauf.

- Thema *Gleichberechtigung:*

  Eigenständige Partner werden sich im Alltag nicht gegenseitig übervorteilen und sich insgesamt gleiche Entwicklungschancen einräumen. Die Formel[24], an der sich beide orientieren, heißt 100:100.

  – 50:50 wäre: Jeder schrumpft. *Er* gibt die Skatabende mit Freunden auf, damit *sie* darauf verzichtet, ihre Freundinnen einzuladen …

  – 100:100 bedeutet: Jeder darf sich *ausweiten.* Weil *er* gelegentlich mit Kameraden Skitouren unternimmt, kann *sie* selbstverständlich auch einen Töpferkurs besuchen. Beide *fördern einander* grundsätzlich, was gelegentliche zeitliche Kompromisse nicht ausschließt.

Allerdings ist es auch heute noch so, dass sich Männer ihre Freiheiten leichter und ohne *Abstimmung* mit ihren Partnerinnen holen können.

Ebenfalls mit fairem Zusammenstehen als Partner und Eltern haben die nächsten beiden Beziehungsthemen zu tun, die später ausführlicher beschrieben werden (vgl. S. 64 ff.).

- *Ablösung von den eigenen Eltern*
- *Abgrenzung des Paars gegenüber Kindern*

In allen Bereichen – Haushalt und Wohnung, Umgang mit den Eltern und Schwiegereltern, Umgang mit den Kindern ... – sind von den Partnern Vereinbarungen zu treffen.

Regelungen *auszuhandeln* ist eine Sache, sie auch *in die Tat umzusetzen*, eine andere.

Frau L ist verzweifelt: „Mein Mann ist ein herzensguter Mensch. Er ist auch grundsätzlich sehr willig, verspricht mir alles Mögliche, nur ... es geschieht nichts. Das Regal im Keller wartet schon fünf Monate darauf, an die Wand gedübelt zu werden. Und auf meine Bitte im Frühjahr, den Zaun zu streichen, höre ich immer nur: ‚Sobald das Wetter besser ist.‘ Jetzt steht der Winter vor der Tür."

Mögen auf Außenstehende solche Geschichten auch recht amüsant wirken – dem betroffenen Partner, der einen verzweifelten Kampf gegen Windmühlen kämpft, ist das Lachen längst vergangen. Sich ständig erst auf jemanden zu verlassen, um dann doch immer wieder enttäuscht zu werden, kostet ungeheuer viel Lebensenergie. Irgendwann resigniert man.

Vor vielen Jahren war ich von einer Gruppe allein erziehender Frauen zu einem Vortrag eingeladen worden. Bevor ich damit begann, drückte ich den Zuhörerinnen mein Mitgefühl dafür aus, dass sie es ohne Männer schaffen müssten. Da brachen die Frauen in schallendes Gelächter aus und meinten übereinstimmend: „Wir sind heilfroh, uns nicht mehr mit unseren unzuverlässigen Männern herumschlagen zu müssen. Alleine kostet das Alltagsleben weniger Kraft."

Um als Teampartner gut meinen Job zu machen, brauche ich eine gehörige Portion *Selbstdisziplin*:

Strategien, mich auch zu ungeliebten Tätigkeiten zu motivieren. – Dafür sorgen, Vorsätze nicht zu vergessen. – Checklisten u. ä.

Was nicht schaden könnte:

*Ein **Polster ansammeln:*** Zwischen den Extremen, die Zuneigung des Partners *erzwingen* zu wollen oder alles *laufen zu lassen*, käme ein Mittelweg in Frage: Beharrlich und *regelmäßig* etwas zu investieren. Gerade im Teambereich lässt sich recht schnell ein Polster schaffen, indem ich unbeirrt meine Aufgabenliste abarbeite.

Damit signalisiere ich erst einmal dem Partner, dass ich etwas für die Beziehung tun will. Gleichzeitig sammle ich auch ein Guthaben auf seinem Gefühlskonto an. So hätte ich im Falle einer Panne etwas bessere Karten, weil der andere voraussichtlich gnädiger mit mir verfahren wird: „Das hätte es nicht gebraucht ... na ja, aber sonst bist du ja recht fair ... ist in Ordnung." Wer regelmäßig ein Guthaben auf dem Konto aufweisen kann, erhält nicht nur von der Bank leichter einen Kredit, sondern auch vom Partner.

Aber bitte den andern nicht manipulieren, ihn mit dem Guthaben nicht unter Druck setzen, um ihm auf diese Weise Zugeständnisse abzuringen.

## B) Fairer Umgangsstil

Noch etwas anderes führt dazu, sich bei einer sog. „Kleinigkeit" festzubeißen: Einer der Gesprächspartner ärgert sich über den Stil, in dem der andere mit ihm redet. Denn in jeder Aussage finden sich zwei Aspekte (vgl. S. 117 ff.):

- Der Inhalt oder das **Thema,** über das man redet.
- Der **Stil** – Worte und Ton –, in dem man redet: Damit definiere ich die Beziehung zum Partner.

Ihm schmeckt die Suppe nicht, weil sie für seinen Geschmack zu stark gewürzt ist. Nicht gerade ein Riesenthema. Trotzdem, in welchem Ton spricht er mit ihr darüber? Etwa vorwurfsvoll: „Die Suppe ist wieder einmal total versalzen!" Jetzt könnte eine nicht enden wollende Diskussion darüber anheben, ob das so stimmt oder nicht. Aber entscheidend ist: Sein vorwurfvoller Ton bedeutet im Klartext ein Urteil: „Du bist unfähig, eine Suppe richtig zuzubereiten." Das ist mehr als Kritik, das ist Ver-Urteilung. Er nimmt sich das Recht heraus, sie wie ein böses Kind zu behandeln. Das müsste sie erkennen und deutlich ansprechen: *„Ich kann deinen Ton nicht akzeptieren, die Art und Weise, wie du mit mir umgehst."*

*Unfairer* Umgangsstil drückt sich meist in sog. **Du**-Botschaften aus, offenen oder verdeckten:

- *offene:* „Du bist zu blöd zum Suppe kochen" (Beschimpfung) oder: „Du solltest endlich mal lernen, richtig zu würzen" (vorwurfsvolle Forderung).
- *verdeckte:* In ironischem Ton: „Na, ist dir mal wieder das Salzfass ausgerutscht?" oder: jammernd und Schuldgefühle einimpfend: „Ich krieg da immer solche Magenschmerzen, wenn die Suppe so stark gewürzt ist."

*Fair* dagegen wäre diejenige Kritik, die als **Ich**-Botschaft das *Verhalten* des Partners anspricht, ohne die gesamte Person zu beurteilen. Das betrifft neben der Wortwahl wieder vor allem den Ton.

*Er:* „Mir ist die Suppe zu stark gewürzt. Was kann man machen?"
*Sie:* „Tut mir Leid. Warte, ich verdünne sie etwas. Geht es so?"
*Er:* „Danke, jetzt schmeckt es ausgezeichnet."

Dass ein unfairer Umgangsstil *zerstörerisch*, ein freundlicher dagegen aufbauend wirkt, ist sogar wissenschaftlich erwiesen:
*Der japanische Wissenschaftler M. Emoto[25] hat in jahrelangen Versuchen Wasser unterschiedlichen Bewertungen ausgesetzt und es dann anschließend unter dem Elektronenmikroskop fotografiert.*

*Wasser, das einem barschen Befehl*
*„Tu das!" ausgesetzt war, sah so aus:*
**Du**-*Botschaft*
*Das gleiche Wasser, das mit einer*
*liebevollen Aufforderung: „Komm,*
*wollen wir das tun?" konfrontiert wurde,*
*weist eine schöne kristalline Struktur auf.*
**Ich**-*Botschaft (auf japanisch)*

Abb. 5 und 6

Bedenkt man, dass der Mensch zu 70 Prozent aus Wasser besteht, sind entsprechende Auswirkungen des Umgangsstils auf den Partner nachvollziehbar.

Mangelnde Fairness – in Form ungerechter Regelungen und verletzenden Umgangsstils – zerstört die Gefühle des Partners. Doch der gute Wille, fair sein zu wollen, reicht alleine nicht aus. Um alte Gewohnheiten zu überwinden, sind neue faire *Kommunikationsmuster einzuüben*.

– *Peter* wird seine dynamische Art so kultivieren müssen, dass er Gaby durch Wortwahl und Tonfall nicht mehr in die Enge treibt und Kritik fair anbringt (Ich-Botschaften). Bei sachlichen Regelungen wird er kompromissbereiter werden müssen.

– *Gabys* Lernaufgabe sieht ganz anders aus: Statt der ihr vertrauten Masche, auf „kleines Mädchen" zu machen und auch sonst zu tricksen, hat sie zu lernen, ihr Anliegen offen und ehrlich vorzubringen.

Möglicherweise tauchen jedoch *Widerstände aus der eigenen Psyche* auf, die immer wieder den Lernerfolg gefährden. (Vgl. S. 100 ff.) Professionelle Hilfe wäre angesagt.

– Peters Vater war sehr dominierend. Es sieht so aus, als ob Peter sich sehr stark an diesem Modell orientierte. – Ein tiefsitzendes Grundgefühl, als Kind zu kurz gekommen zu sein, macht es Peter schwer, inhaltlich zu fairen Kompromissen bereit zu sein.

– Gaby hat offensichtlich die diplomatischen, raffinierten Durchsetzungsstrategien ihrer Mutter übernommen. Offen für sich zu kämpfen, ist bei ihr angstbesetzt, weil sie den Vorwurf fürchtet, als egoistisch angesehen zu werden.

Wie auch immer: Wenn wir uns an die Arbeit machen und Fairness in all ihren Varianten lernen – ob direkt einübend oder zusätzlich durch Psychoarbeit an tieferen Widerständen –, ebnen wir uns den Weg für andere wertvolle gemeinsame Erfahrungen – von der Freundschaft bis hin zu erfüllender Sexualität.

# V. Offenheit im Alltag

## A) Balance zwischen Freiheit und Nähe

In traditionellen Gesellschaften versucht man die Ehe durch verbindliche Rollenvorschriften abzusichern, sowie durch entsprechende Treueschwüre wie „Bis dass der Tod uns scheidet". Und auch die Eheleute selbst wollen alt miteinander werden, wollen zusammen**bleiben**.

Auch moderne Partner haben solche Wünsche. Nur: Ohne die Abstützung durch gesellschaftliche Sanktionen ist Sicherheit nicht mehr gewährleistet. So bietet sich – anstelle zu verkleben und zu verschrauben – als einziger Ausweg an: ein lebendiges Hin und Her zwischen *Freiheit* mit eigenen Glücks- und Sinnperspektiven auf der einen und intensive *Gestaltung des Zusammenlebens* auf der anderen Seite. In einer solch lebendigen Beziehung bleiben die beiden zwar nicht mehr so ohne weiteres zusammen, könnten aber – ohne Garantie – immer wieder neu zusammen**finden**.

Nach jeder mehrstündigen Trennung freut man sich wieder aufeinander. – Nach jeder Auseinandersetzung setzt man sich wieder zusammen, versöhnt sich und genießt die wiedergewonnene Harmonie – bis zum nächsten Streit. – Nach jeder gut bewältigten Krise entsteht die Chance, auf einer höheren Ebene zu einer neuen, reiferen Beziehung zu gelangen.

Doch so ganz ohne *Risiko* ist das nicht zu haben. Das ließe sich verringern, wenn jeder der beiden einerseits ein lebendiger Mensch und somit ein attraktiver Partner bliebe und andererseits auch intensiv am Zusammenleben mitwirkte. Die dazugehörige *Chance*: Anstelle einer unerreichbaren *Sicherheit* doch immerhin: ein Wachsen von Vertrautheit, Vertrauen und *Gewissheit* der Zusammengehörigkeit. *Treue* beginnt zu wachsen und fällt beiden wie eine reife Frucht zu.

... doch lernst du die Liebe nur
während der Ferien von der Liebe kennen.
*Antoine de Saint-Exupéry*

## 1. Offenheit als Freiheit

Statt des *Anspruchs aufeinander: „Du gehörst mir"*, könnten
beide sich dennoch *einander zugehörig* fühlen – ohne Zwang
und Enge –, *so* wie K. Gibran in seinem wunderbaren Gedicht
empfiehlt:

> *„Doch lasset Raum zwischen eurem Beieinandersein,*
> *liebet einander, doch macht die Liebe nicht zur Fessel ...*
> *Singet und tanzet zusammen, und seid fröhlich, doch*
> *lasset jeden von euch allein sein ...*
> *Und stehet beieinander, doch nicht zu nahe beieinander. "*[26]

Diese Freiheit kann verschiedene Gesichter zeigen:

*„Freiheit **von**"* wäre so etwas wie **„Urlaub"** von der Beziehung. Man will *weg* von einem Zuviel an Nähe, braucht kleinste Auszeiten zum Auftanken in Form erholsamen Alleinseins
oder Zusammenseins mit Freunden.

*„Freiheit **zu**"* dagegen entspräche eher dem **„Reisen"**. Anders
als Urlaub – mit gebuchtem Rückflug –, ist wirkliches Reisen
eine Bewegung zu etwas *hin*, geht immer nur in eine Richtung
und ist im Ausgang offen. Beim Verfolgen seiner eigenen Lebensziele – auf seiner Lebensreise – kann man auch irgendwo hängen bleiben, Alleinsein schmerzlich als Einsamkeit empfinden
oder gar verunglücken. Allerdings darf es sich auch ergeben – weil
die Erde ja rund ist-, dass man in einem großen Bogen dort wieder
ankommt, von wo man einst losgezogen war: den Partner neu
entdecken.

Ein solch rhythmisches *Weggehen* und *Aufeinander zu gehen* ist von besonderer Lebendigkeit.

Ich darf mich auf die Welt draußen freuen und sie genießen,
um dann zu erleben, wie ich mich zunehmend auch wieder auf
den Partner freue. Wer das einmal kennen gelernt hat, will nicht
mehr mit dem alten, trägen *Zusammenbleiben* tauschen.

Bei diesem Zusammenspiel von Freiheit und Nähe – was **klare**,
aber auch **durchlässige** Grenzen voraussetzt – spricht die Psy-

chologie vom **Abgrenzungsprinzip**[27]. Dies gilt nicht nur für die Partner untereinander, sondern auch im gesamten Familiensystem: für die Beziehung zwischen Paar und Eltern/Schwiegereltern und die zwischen dem Paar und seinen eigenen Kindern.

## Abgrenzung gegenüber der Herkunftsfamilie

Im Einflussbereich der Großfamilie ist Eigenleben nicht erwünscht. Kinder zu haben bedeutet eine Art Lebensversicherung. Denn man möchte für seine Mühe etwas zurückbekommen im Alter. So greifen Eltern – vor allem in ländlichen Gegenden – auch ganz selbstverständlich in das Leben eines jungen Paares ein.

Ganz anders aus einem partnerschaftlichen Denken heraus: Im Idealfall setze ich Kinder in die Welt, weil es in meinen Lebensplan passt und ich die Elternrolle als bereichernd empfinde, sodass ich die Kinder von Anfang an loslassen kann und im Alter nichts von ihnen zurückerwarte; denn dafür baue ich mir eine eigene neue Lebensperspektive auf.

Soweit die Zukunftsmusik. In der realen Gegenwart jedoch sind viele Paare damit konfrontiert, dass sich

– Eltern und Schwiegereltern in ihre Belange einmischen,

– der eine oder der andere Partner – oder auch beide – noch nicht ausreichend von den eigenen Eltern gelöst hat.

Gelingt es beiden, klare Grenzen gegenüber den Herkunftsfamilien zu setzen und als Paar an einem Strang zu ziehen, gehen sie gefestigt aus dieser Krise hervor.

Ihn stört, dass in einer Schublade des Küchenschranks ziemliche Unordnung herrscht. Deshalb bittet er seine im Haus wohnende alte Mutter, diese neu einzuräumen. Als seine Frau dies beim Nachhausekommen bemerkt, ist sie peinlich berührt und über ihren Mann verärgert. Da sie die Küche als ihren Bereich ansieht, hätte sie erwartet, dass ihr Mann die Angelegenheit mit ihr und nicht mit seiner Mutter besprochen hätte. Dann wäre sie frei gewesen zu entscheiden, ob sie die Schublade selbst ordnet oder die Schwiegermutter darum bittet. *Kommentar*: Abgrenzung ist fällig.

Ein alter Vater fragt seinen Sohn: „Wie geht es dir sexuell in deiner Ehe?" Der: „Darüber möchte ich nicht reden. Das ist unsere Angelegenheit. Versteh' das bitte!" *Kommentar*: Abgrenzung gegeben.

Oft ist für die ältere Generation diese Grenzziehung zunächst schwer zu akzeptieren. Dass diese *nicht gegen sie* gerichtet ist, sondern von Nutzen sein soll *für* jemanden – für das junge Paar –, wird dann aber meist verstanden. So kann sich allmählich nach Abklingen anfänglicher Spannung wieder ein sehr herzliches Verhältnis zwischen den Generationen herausbilden, jetzt im Rahmen der neuen Regeln. Die Rolle des „Partner Sein" hat die alte Sohn- oder Tochterrolle abgelöst. Biblisch gesprochen: Man hat Vater und Mutter verlassen – ist erwachsen geworden.

### Abgrenzung gegenüber den Kindern

Jeder gerät allzu leicht in Versuchung, seine Kinder mehr oder weniger unbewusst für *seine Zwecke* zu brauchen, eigentlich – im weitesten Sinne – zu „*missbrauchen*".[28]
– Ein Kind soll den Beruf ergreifen, den *ich selbst nicht* schaffte.
– Ein Kind soll *genauso* werden wie ich.
– Ein bestimmtes Kind wird zum *Sündenbock* gestempelt.

Auch in *Paarangelegenheiten* werden Kinder oft hineingezogen:
– Das Kind als *Partnerersatz:* Eine Frau bespricht alle ihre Probleme statt mit ihrem Mann mit dem ältesten Sohn, den sie so zum Ratgeber und Vertrauten macht.
– Das Kind als *Bundesgenosse:* Häufig bilden sich in einer Familie zwei feindliche Lager, bestehend aus je einem Elternteil und einem Kind.

Nicht selten geht die Initiative für Grenzüberschreitungen von den Kindern aus, etwa wenn sie die Eltern gegeneinander ausspielen.
Mühsam hatten zwei sich daraufhin geeinigt, ihren beiden halbwüchsigen Söhnen Mitternacht als den Zeitpunkt abzuverlangen, zu dem sie von der Diskothek aufzubrechen hätten. Während einer mehrtägigen Abwesenheit der Mutter pirschen sich die Kinder an ihren in diesen Dingen etwas großzügigeren Vater heran: „Wenn Mama nicht da ist, dürfen wir etwas länger bleiben, oder? Du bist ja nicht so ängstlich." Die Versuchung ist enorm: Jetzt könnte er in der Gunst der Kinder Punkte sammeln. Doch wäre das fair gegenüber der Partnerin? Und würde er nicht auch den Kindern einen fragwürdigen Dienst erweisen? Zwar wäre es gut für ihr Wohlfühlen, aber nicht für ihr heil werden. Denn er böte ein denkbar schlechtes Modell dafür, wie Partner miteinander umge-

hen. Wer weiß, ob sich die Kinder Jahre später als Erwachsene nicht ähnlich unfair ihren Partnern gegenüber verhalten würden?

Deshalb der Vater: „Tut mir Leid, wir halten es so wie besprochen. Ich will der Mama nicht in den Rücken fallen."

In die Paarbeziehung die auf die eine oder andere Art Kinder hineinzuziehen, *überfordert* diese, bietet ihnen ein *unreifes Partnermodell* und *zerstört* obendrein das *Vertrauen zwischen den Partnern selbst.*

**Freiheit** zu verwirklichen, heißt also nicht nur, selbst sich Freiheit zu **nehmen**, sondern sie auch zu **geben:**

- Den anderen – Eltern und Kindern – Abgrenzung zuzumuten: Sie nicht vereinnahmen und nicht zulassen, vereinnahmt zu werden.

- Den Partner frei lassen, wenn er es braucht, nach Rilke:

> *„Denn das ist Schuld wenn irgendeines Schuld ist:*
> *die Freiheit eines Lieben nicht vermehren (...)*
> *Wir haben, wo wir lieben, ja nur dies: einander lassen. "*[29]

## 2. Offenheit als Nähe

Kennen *Sie* die Erfahrung, dass Ihr Körper sich im Zusammensein mit verschiedenen Menschen ganz unterschiedlich anfühlt?

– Bei A bin ich angespannt, sitze mit verschränkten Armen da, atme nur flach, bin wie auf dem Sprung. Der andere *tut mir nicht gut.*

– Ganz anders bei B: Ich richte mich locker auf, atme frei, lehne mich zurück. Ich lasse die Energie des andern zu mir, denn *er tut mir gut.*

Falls ich mich ganz allgemein bei meinem Partner wohl fühle, warum mich jetzt nicht noch *weiter öffnen?* Etwa meine *Freude,* aber auch mein *Leid* mit ihm teilen, je nachdem? Aber so ganz ungefährlich ist das nicht:

Vielleicht habe ich irgendein verrücktes Hobby, sammle Zinnsoldaten. Ob der andere mich deshalb für einen Spinner hält? Oder ich zeige mich von einer schwachen Seite, indem ich Gefühle von Angst, Unzufriedenheit und Neid ausdrücke. Wird mir der Partner nicht gleich über den Mund fahren und mir vorwerfen: „Du hast doch gar keinen Grund dazu!"

Doch ebenso gut könnte ich die wunderbare Erfahrung gewinnen, dass ich bei meinem Partner *so sein darf wie ich bin*, mit meinen Macken, mit meinen Schwächen.

Auch wenn man in jedem Augenblick selbst die für einen richtige Distanz zum Partner finden und sich nicht zu einer ungewollten Nähe zwingen oder zwingen lassen sollte, gilt doch grundsätzlich: Verschließe ich mich, entsteht *nicht nur keine Nähe,* sondern: Ich bleibe für den Partner ein Rätsel und biete ihm so eine Projektionsfläche für alle möglichen *Mutmaßungen.* Was alles ließe sich da in mein Schweigen hineinlesen? Dass ich mich über ihn ärgere, oder: dass ich ihn nicht mehr mag.

Öffne ich mich aber, indem ich meine Körperempfindungen, Gefühle, Wünsche und Gedanken mitteile, kann mein Partner darauf unterschiedlich eingehen, etwa so:

• Er lässt sich von meinem Gefühl **anstecken, schwingt mit,** blickt in dieselbe Richtung, aber mit wenig Kontakt zu mir.
• Er **fühlt** mit mir **mit**: Zum Mitschwingen kommt seine **Anteilnahme** für mich hinzu, er freut sich für mich mit, leidet auch mit mir mit. *(„Mitfühlendes Mitschwingen")*
• Er ist zunächst auf einer anderen Wellenlänge, wendet sich mir dann aber zu, um nachzufragen. Erinnert er dabei ähnliche eigene Erfahrungen, kann er mich auf einmal **verstehen**. Er hat sich in mich **eingefühlt.** *(Empathie)*

Auch wenn sich diese unterschiedlichen Reaktionsweisen nicht ganz klar voneinander trennen lassen, sind es doch ganz verschiedene Energien, die fließen. Das wird deutlicher werden am Beispiel der im Volksmund üblichen Unterscheidung zwischen dem „Teilen von Freud" und dem „Teilen von Leid".

## B) Geteilte Freud' ist doppelte Freud' – auf derselben Wellenlänge sein

Ist mir etwas sehr wichtig und fließt meine Energie, so wäre es eine schöne Zugabe, bei einem anderen **Widerhall** zu finden.

A beobachtet fasziniert durchs Fenster das Kreisen eines Bussards über dem Wald. B gesellt sich dazu und ist ähnlich begeistert.

F sieht im Fernsehen ein Interview mit einem Politiker und ist tief beeindruckt von dessen ungewöhnlicher Offenheit. Der Partner kommt hinzu und schaut gebannt mit. Gleiche Wellenlänge!

Wirkliche Nähe entsteht jedoch erst, wenn sich beide ein wenig einander *zuwenden* und sich über die eigene Freude hinaus mit dem Partner verbunden fühlen, sich auch noch für ihn **mitfreuen**.

B, noch halb den Bussard beobachtend, zu A gewandt: „Ein majestätischer Vogel ... Du bist ja völlig hingerissen, würdest wohl am liebsten selber in der Luft sein?" Was A leidenschaftlich bestätigt.

Ein anderer Weg, sich nahe zu kommen, geht über die Empathie, das **Sich-Einfühlen**.

C meint – relativ unberührt – im Hinblick auf den kreisenden Vogel: „Ach ja, sieht schon toll aus." Dann wendet er sich A zu und fragt: „Woher kommt es, dass du davon so fasziniert bist? Hast du keine Angst bei der Vorstellung, selber zu fliegen? Für mich wär das nichts." Wenn jetzt A ihm von seiner Flugleidenschaft erzählt und weiter ausholt, könnte C wenigstens ansatzweise Parallelen bei sich entdecken: „Ach ja, sowas kenne ich vom Karussellfahren her. Ich glaube, *jetzt versteh ich dich besser*. Freut mich für dich." Und er bleibt noch ein Weilchen bei seinem aufgedrehten Partner.

Doppelte Freude im Sinne eines „mitfühlenden Mitschwingens" kann sich auf alles Mögliche beziehen: auf Sinneseindrücke, Geistiges, Sinnwerte, Spirituelles und Religiöses. Und auf das gesamte *Lebensgefühl*, die Art und Weise, sich als Teil des Lebens zu spüren. Will man dies immer wieder neu mit anderen erfahren, schließt man sich zusammen.

Bergkameradschaften, geselliges Zusammensein in Vereinen verschiedener Art, gemeinsame Reisen u.ä., aber auch Zusammenschlüsse zur Verwirklichung bestimmter Projekte politischer, religiöser oder ökologischer Art sind Beispiele für diese Art von Gemeinsamkeit.

Gelegentlich trägt ein solcher Austausch auch melancholische Züge. Meist aber ist gemeinsames Schwingen Ausdruck einer Energie, die *Freude am Leben* spürt, die die Welt umarmen will.

– Das polynesische Lebensgefühl etwa ist von eben dieser Lebensfreude geprägt, was sich im Hulatanz ausdrückt.[30]

– Alexis Sorbas ist aus ähnlichem Holz geschnitzt. Kennen Sie die Schlussszene aus dem gleichnamigen Film? Also: Die mühsam gebaute Transportseilbahn ist eingestürzt. In Panik sind die zur Einweihungsfeier geladenen Gäste geflüchtet. Als sich der aufgewirbelte Staub gelegt hat, richtet Sorbas sich vom Boden auf, sieht auf die herumliegenden Trümmer und fragt seinen Boss – mit einem verlegenem Lächeln: „Sag mal, hast du eigentlich jemals etwas so bildschön zusammenkrachen sehen?" Und lachend fügt er hinzu: „Wie die alle um ihr Leben liefen, sogar ins Meer sprangen, das sah sehr komisch aus, vor allem bei den Mönchen." Prustend und schenkelklopfend ergehen sich beide in den gerade erlebten Szenen. Schließlich, erschöpft vom Gelächter, beginnen beide in der Abendsonne den legendären Sirtaki zu tanzen. Trotz der Niederlage: *Das Leben ist schön, das Leben ist lebenswert!*

## Wenn's nicht ganz zusammenpasst – weniger wäre mehr!

Partner sind gemeinsam unterwegs, besuchen vielleicht eine Theateraufführung oder wandern in den Bergen. Was zählt, ist jedoch nicht das rein äußerliche Zusammensein, sondern dass ihre Erlebnisse und Gefühle übereinstimmen.

Zwei marschieren vom Parkplatz aus gemeinsam los zu einem Berggipfel. Zunächst genießen sie zusammen die frische Luft, das Zwitschern der Vögel, die Blumen am Wegrand. Gleiche Wellenlänge! Doch nach einiger Zeit ändert es sich. *Er* steigert sein Tempo, will sich heute in seinem Körper so richtig spüren. *Sie* dagegen wird langsamer, pflückt hier ein Kraut, bewundert dort die Aussicht. Es beginnt zunehmend auseinander zu klaffen. Wäre jetzt nicht ein Kompromiss sinnvoll? Er ein wenig langsamer, sie ein wenig schneller? Jeder verzichtet auf etwas. Schon passt es wieder zusammen. Oder?

Ich halte nichts von *faulen Kompromissen*, bei denen jeder *unnötigerweise* auf etwas *verzichtet*. Geht es allerdings um reine Pflichtaufgaben, kommt man um Opfer und Kompromisse natürlich nicht herum.

Wünscht man sich aber fließende Energie – gemeinsames Erleben –, dann bringt ein gewaltsames Hinbiegen zu rein äußerlicher Gemeinsamkeit keinem etwas. Jetzt ist *vorübergehende Trennung* angesagt, soweit die Umstände es erlauben.

Bei unserem Paar so schnell wie möglich, bevor ungute *Abwertungen (Du-Botschaften)* einsetzen, etwa dieser Art:
*Er*: „Wie kann man nur so lahm dahinlaufen?"
*Sie*: „Und du rennst dahin, ohne nach links und rechts zu schauen"
Doch beide kriegen die Kurve, finden einen *fairen Stil (Ich-Botschaften)*:
*Er*: „Ich brauche das, flott dahinmarschieren, mich richtig spüren."
*Sie*: „Und ich genieße es, heute mal alles gemütlich anzugehen."
*Er*: „Bist du einverstanden, wenn ich bis zur Alm vorausgehe und dann dort auf dich warte?"

*Sie:* „In Ordnung. Bis bald." Oben angekommen, bereitet er schon einmal ein leckeres Picknick vor, das sie nach ihrer Ankunft genießen, ebenso wie die schöne Landschaft und ihr neues Zusammensein. Musste und durfte eine Zeit lang jeder auf seine eigene Weise selig werden, ist jetzt wieder die Zeit der Zweisamkeit angebrochen.

Gemeinsamkeit lebt von der *Qualität* und nicht von der Quantität. Es gilt das Gesetz des *„kleinsten gemeinsamen Nenners".*

Kommen zwei bei einem wichtigen Thema nicht so recht zusammen, könnten sie trotzdem noch einen vorsichtigen Versuch starten. Vielleicht ist doch noch ein wenigstens teilweises, befriedigendes Übereinstimmen möglich. Mal ist es der eine, mal der andere, der sich probeweise dem Partner *zugesellt.*

Er geht gerne chinesisch essen; sie dagegen kann dem „Süßsauer" nichts abgewinnen und klinkt sich aus. Auf seine Bitte hin aber kommt sie nochmals mit ins Restaurant. Er – vertraut mit ihrem Geschmack – verhandelt mit dem Koch, und der findet schließlich für ihre Ente das passende Gewürz. Sie ist begeistert. Seitdem gilt für beide einmal im Monat: *Ente gut, alles gut.*

So kann jeder bei solchen Versuchen seinen *Horizont erweitern* und – wie im geschilderten Beispiel buchstäblich – auf den Geschmack kommen.

Leben jedoch zwei in *völlig verschiedenen Welten,* weil Werte und Lebensgefühl sehr unterschiedlich sind und geht ihnen folglich auch der Gesprächsstoff aus, ist guter Rat teuer. Man schwingt auf unterschiedlichen Wellenlängen. Damit fehlt Wesentliches, das Zusammenleben lebendig macht.

Wenn Partner jedoch aus anderen Gründen zusammenbleiben wollen, könnten sie zumindest versuchen, mit diesen Gegensätzen gut umzugehen.

Statt sich gegenseitig abzuwerten, wird man erst vom eigenen Gefühl reden: Wie wichtig einem etwas ist und auch, dass man darunter leidet, es nicht mit dem anderen teilen zu können. So würde man einander wenigstens besser verstehen lernen und sich ansatzweise einfühlen können. „Jetzt verstehe ich das …"

*Peter* ist Vollblutsportler, *Gaby* durch und durch musisch. Statt gegenseitiger Beschimpfungen („Du mit deinem blöden …") könnten sie auch anders miteinander umgehen:

– *Peter*: „Ich finde es schade, dass du keinen Gefallen am Snowboardfahren hast. Ich hätte es gerne mit dir zusammen erlebt. Aber umgekehrt habe ich mit der Malerei nichts am Hut. – Übrigens, wie bist du eigentlich zum Malen gekommen, und was ist da für dich so beglückend?" – Während *Gaby* nun zu erzählen beginnt, wie sie bereits als Kind damit anfing und was das für sie bedeutet, wie glücklich sie sich vor ihrer Staffelei fühlt, beginnt Peter sie besser zu begreifen und wird vielleicht sogar ein wenig neugierig, etwas von dem ihm bisher Fremden kennen zu lernen.

– *Gaby* geht entsprechend vor, indem sie die ihr fremde Welt Peters zu verstehen versucht: „Erzähl' mal …"

So kommt es dazu, dass sie sich öfters einander zugesellen.

Doch bevor es eine verkrampfte Angelegenheit, ein fader Einheitsbrei wird oder man sich gar zu blockieren beginnt, schafft man rechtzeitig den Absprung: Immer wieder mal eigene – getrennte – Wege gehen: **Leben und Leben lassen.**

Eine solche Toleranz anstelle einer Opferhaltung gelingt nur, wenn jeder auf zweierlei ausweichen kann:

- Ausreichende **Kontakte mit anderen**, Freunden, Kollegen …, um so nicht alles auf die Partnerkarte zu setzen. Ein Partner kann nicht alles abdecken!
- Die Fähigkeit zum **Alleinsein:** Dies setzt eine ausreichende Identität voraus, die immer wieder neu durch Pflege seines eigenen Entwicklungswegs gefestigt werden müsste.

Insgesamt wäre eine gute Balance zwischen diesen Ebenen zu finden und mit dem Partner zu besprechen.

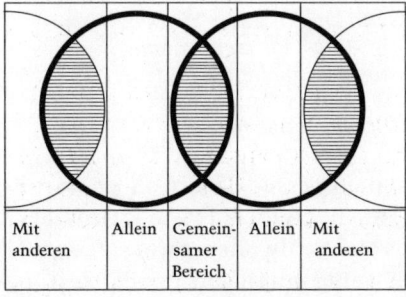

| Mit anderen | Allein | Gemein-samer Bereich | Allein | Mit anderen |
|---|---|---|---|---|

# C) Geteiltes Leid ist halbes Leid – von der Sympathie zum Wohlwollen

Wenn es mir schlecht geht, wäre es – bei aller Selbständigkeit – nicht manchmal schön, bei einem Freund ein wenig abladen zu können? Vielleicht sind dem meine Gefühle durchaus vertraut.
„Ich kenne das gut, es tut mir leid, dass das so läuft."

Sonst bleibt ihm immer noch der Freundschaftsdienst des Verstehenwollens und anschließenden Sich-Einfühlens.
„Erzähl noch etwas mehr, ich verstehe es noch nicht … ah ja, jetzt ist mir klar … das ist traurig für dich …"

## 1. Den Alltag erträglich gestalten

Es wäre schon mal ein guter Anfang, würden sich zwei das Leben zumindest nicht noch schwerer machen, als es ohnehin schon ist. *Schwierigkeiten* müssten nicht zwangsläufig zu *Problemen* werden. Viele Spannungen sind hausgemacht, weil man ganz einfach ungeschickt mit ganz normalen Alltagsschwierigkeiten umgeht:
Von draußen mitgebrachter Stress müsste sich nicht unbedingt zu Hause noch aufschaukeln. Wenn jeder den anderen kurz informiert, wie sein Tag gelaufen ist, weiß man voneinander Bescheid und kann sich erst mal eine Weile aus dem Weg gehen, bis sich jeder wieder gefangen hat. (Vgl. S. 127 ff.)

Nichts gegen einen tieferen seelischen Austausch. Aber lassen wir uns ein bisschen Zeit dafür, so wie auch der Fuchs dem kleinen Prinzen rät:
*„Du musst sehr geduldig sein. Du setzt dich zuerst
ein wenig abseits von mir ins Gras. Ich werde dich
so verstohlen, so aus den Augenwinkeln anschauen,
und du wirst nichts sagen … Aber jeden Tag wirst
du dich ein bisschen näher setzen können"*[31].

Nun, ganz so lange muss es nicht gerade dauern. Aber warum nicht erst einmal ein wenig „Small talk", ein zwar kurzes, aber doch ernst gemeintes, weil von Wohlwollen getragenes „Wie geht's?" im Vorbeigehen? Ein wenig miteinander in der Zeitung blättern, ein wenig übers Wetter plaudern. Auch seichtes Wasser hat seinen Reiz. Es lässt sich gemütlich und gefahrlos in ihm plantschen, bevor man sich später weiter ins tiefe Wasser hinauswagt und über seine Sorgen miteinander spricht. Übrigens behaupten die Verhaltensforscher: Während Menschenaffen Nähe durch gegenseitiges Sich-Lausen herstellen, haben wir Menschen dies durch Small talk, Plaudern, Ratschen ersetzt.

Vor Jahren hielt ich mich mit meinem Sohn Felix in London auf und lernte die Qualität des *„wohlwollenden Small Talks"* kennen: Eine einstündige Wartezeit nutzten wir für einen Spaziergang in einem nahen Park. Da ich tags zuvor in einem Reiseführer gelesen hatte, mit einem einzigen englischen Satz „schönes Wetter heute" käme man wunderbar zurecht, wollte ich dies gleich ausprobieren. Schon nahte das erste Opfer, ein junges Paar mit Kind und Hund. „Schönes Wetter heute …" brachte ich noch etwas unsicher heraus. Doch sofort wurde mir im Chor bestätigt, wie recht ich hätte. Sogar der Hund wedelte erfreut mit dem Schwanz. Nach einigen freundlichen Sätzen verabschiedeten sich die Leute und wünschten uns einen guten Aufenthalt. Ganz aufgeregt stürzte ich mich auf alles, was mir nichtsahnend entgegenkam. Und überall schlug mir Sympathie entgegen. Da begriff ich zum ersten Mal so richtig, dass es weniger auf den Inhalt eines Gesprächs ankommt, als auf die Atmosphäre. Überall spürte ich die *Energie von Wohlwollen* und die Botschaft: Schön, dass die Sonne scheint, dass es dich gibt und mich und … den Hund.
   – Im Gegensatz dazu kennt wohl jeder jene stundenlangen superklugen und verkopften Diskussionen in irgendwelchen Konferenzen, die *„kaputte Gespräche"* sind, weil die Atmosphäre nicht stimmt.

In dieselbe Kategorie von nur scheinbar oberflächlichen Ritualen gehört das, was man etwas altmodisch Ehe- oder Beziehungspflege nennt:
   Liebevolle Gesten, wie Umarmungen; gemeinsames Essen, das mit einem Sinnspruch eingeleitet wird u. ä.

Es lohnte sich, das alles nicht als altmodisch über Bord zu werfen, sondern es wieder *mit Leben zu füllen.*

Aber ich habe ihn zu meinem Freund
gemacht, und jetzt ist er einzig in der Welt.
A. de Saint-Exupéry, Der kleine Prinz

## 2. Sein Leid mit einem Freund teilen

Einige Zeit vergnügten sich zwei im warmen seichten Wasser
des oberflächlichen „Wie geht's" und der entsprechenden Antworten „Na ja, es war ein schwerer Tag heute, der Chef hat dies
gesagt, der Kollege das getan".

Jetzt wären es nur wenige Schritte hinaus ins tiefe, ernsthafte Gesprächswasser, um auf einer Welle der Freundschaft zu
schwimmen und sich von ihr tragen zu lassen:

– Der eine bräuchte nur die Zeitung aus der Hand zu legen,
um damit anzudeuten: „Du bist mir als Mensch wichtig, wichtiger als die Zeitung. Ich hätte jetzt – falls du willst – genügend
Zeit für dich. Und du darfst auch deine Schattenseiten zeigen:
Sorgen, Nöte, Ängste, Neid, Unzufriedenheit, Macken …"

– Der andere müsste zu den berichteten Fakten noch etwas
hinzufügen, seine *Gefühle:* „Das, was der Chef sagte, hat mich
verletzt" oder „Das hat mir gut getan".

Bei einem wirklichen Freund braucht er nicht zu befürchten,
das sonst Übliche zu hören: „Du hast doch keinen Grund dazu"
oder „Nimm's nicht so tragisch" oder „Das wird schon wieder"
oder gar ein „Das gehört sich nicht". Er kann seine Maske able-
gen und damit rechnen, dass der Freund nicht wegläuft, sondern
ihn aushält und ihm nicht ungefragt Rat-Schläge verpasst.

Wenn der eine den anderen *nicht gleich* versteht, kann er –
wie beschrieben – nachfragen, um sich dann allmählich besser
in ihn *einfühlen* und schließlich *mitfühlen* zu können.

Nun könnten beide die Rollen wechseln. Der zuhörende
Freund könnte nun seinerseits etwas von sich preisgeben, während der andere die Position des Zuhörers einnimmt.

*Offenheit* darf dabei *nie gefordert werden.* Was genau und
wieviel jeder von seinem emotionalen Zustand preisgibt, bestimmt ausschließlich er selbst.

Dieses wechselseitige Mitteilen braucht nicht ewig zu dauern.
In zwanzig Minuten kann sehr viel Nähe entstehen. Und wenn

das immer wieder einmal, regelmäßig, geschieht, wächst eine tiefe Erfahrung von **Vertrautheit**.

## Unechte Freundschaft

Es gibt auch ein fragwürdiges, ja gefährliches Mitfühlen nach dem Motto: „Der Feind meines Feindes ist mein Freund".

Amerikaner und Russen waren im Zweiten Weltkrieg nur so lange „Freunde", wie sie gegen Hitlerdeutschland kämpften. Nach dem Sieg brachen die unterschwelligen Differenzen offen aus.

Wenn ich bei *„negativen"* *Gefühlen*, bei denen Schuldzuweisungen im Spiel sind, unmittelbar mitschwinge, begebe ich mich leicht auf das Geleise einer *destruktiven Energie*. Damit übernehme ich die Bewertungen und Abwertungen des andern, das, was das zugrundeliegende Gefühl abwehrt und verändert:

Karl und Petra, beide Lehrer, ziehen bei jeder Gelegenheit über ihren problematischen Schulleiter her. Doch das gemeinsame Schimpfen entlastet kaum. Erst als die Partner den Blick von ihrem gemeinsamen „Feind" wegrichten und sich gegenseitig anblicken, entdecken sie, wie enttäuscht jeder ist wegen der vertanen beruflichen Chancen. Jetzt erst, weil sie mit dem anderen *mitfühlen* und *mitleiden*, werden sie zu „Freunden" (vgl. S. 155ff.).

## Frauen und Männer

Was auffällt und worum ich *Frauen* immer beneidet habe: In der Regel gönnen sie sich untereinander diesen freundschaftlichen Gefühlsaustausch viel selbstverständlicher und nehmen sich dabei auch noch ungenierter in den Arm.

*Männer* dagegen tun sich – zumindest in unserer Kultur – damit viel schwerer. Ihr oft „hemmungsloses" Schweigen begründen sie damit, den andern nicht belasten zu wollen. Und Zärtlichkeit ist sowieso ein Kapitel für sich.

– In meiner Jugend war ich jahrelang mit meinem besten Kameraden Rudi auf Klettertouren unterwegs. In dieser ganzen Zeit getraute ich mir kein einziges Mal, von meiner immer vorhandenen Angst zu sprechen, geschweige denn oben am Gipfel, nach durchkletterter Wand, erleichtert und liebevoll den Arm um Rudi zu legen. Man hätte das ja falsch auffassen können. So kam ich über einen kräftigen Handschlag nie hinaus.

– Mittlerweile bin ich schon 15 Jahre in einer Männergruppe. Lauter feine, warmherzige Kollegen. Ich genieße es, unter uns Männern über alles, was uns plagt und freut, völlig offen reden zu können. Und zur Begrüßung und zum Abschied nehmen wir uns dann herzlich in den Arm. Eine wunderbare Erfahrung, auf die mich jedes Mal freue.

Der Grund für diese Zurückhaltung ist, dass auch heute noch kleine Jungen anders als Mädchen erzogen werden. Oft war ich – auch bei meinen eigenen drei Söhnen – Zeuge solcher Vorgänge:

Ich bringe meinen fünfjährigen Felix in den Kindergarten, zusammen mit Nachbarskindern. Ängstlich klammert er sich an mich, während ihm Tränen über die Wangen kullern. Da herrscht ihn die Erzieherin an mit einem „Hör´ auf zu weinen, mach deinem Vater keinen Ärger". Und gleichzeitig nimmt sie das weinende Nachbarmädchen Martina in den Arm.

Ähnliches erlebte ich jedes Wochenende, wenn meine kleinen Buben Fußball spielten und sich irgendwo weh taten. Nicht den Hauch einer Chance hatten sie, ein paar Tränen loszuwerden. Unweigerlich kam sofort der Zuruf des Trainers: „Spiel weiter, ein Indianer kennt keinen Schmerz."

So langsam begreife ich jetzt, warum viele Männer sich so schwer tun, Gefühle zuzulassen. Könnte es sein, dass sie panische *Angst* davor haben, es würde gefährlich werden, wenn sie den harmlosen seichten Uferstreifen verließen und sich ins tiefe Gefühlswasser hinauswagten? Würden sie in eine Strömung geraten, die sie fortreißen könnte? Was bliebe dann von ihrer so mühsam errichteten *Fassade* des „starken" Manns übrig? So stehen sie – erzogen zum Lösen von Problemen – dem „Jammern" der Frauen hilflos gegenüber und suchen – konfrontiert mit deren Leid – ihre Zuflucht in einem schnellen „Mach doch das, oder dies!" Und was sie selbst betrifft, wehren sie die Zuwendung des anderen ab mit einem „Das schaffe ich schon alleine".

Tatsächlich ist in vielen Kulturen das Jammern eine Spezialität und ein Privileg der *Frauen*. Beim ritualisierten Klagen können sie Spannungen abbauen und Solidarität mit Geschlechtsgenossinnen erfahren.

Ich meine, *wir Männer* könnten gut eine *männliche* Variante des *Jammerns* brauchen. Das muss sich ja nicht stundenlang im Kreise drehen, darf ruhig einige martialische Töne beibehalten und natürlich auch – wie gewohnt – zu guter Letzt zu einer Lösung führen.

> Du bist zeitlebens für das verantwortlich,
> was du dir vertraut gemacht hast.
> *A. de Saint-Exupéry, Der kleine Prinz*

## 3. Freundschaft als liebevolle Konfrontation

Die gewachsene Freundschaft zwischen Partnern ist nicht irgendeine austauschbare Beziehung, sondern etwas Einmaliges.

*Der Konzertpianist und Wissenschaftler M. Clynes[32] hat in jahrelangen, weltweiten Untersuchungen die Frequenz der durch Emotionen ausgelösten elektrischen Gehirnwellen gemessen und grafisch sichtbar gemacht. Jedes Gefühl hat demnach eine einzigartige, unverwechselbare Schwingung, die sich direkt auf andere Menschen überträgt. Dieses Geschehen nennt er „sentische" Kommunikation, eben das Mitschwingen und Mit-Fühlen. Was aber besonders faszinierend ist: Wenn der zuhörende Partner durch Ein-Fühlen den anderen in sich lebendig werden lässt und jetzt auf diesem Umweg mit ihm mitschwingt, entsteht gewissermaßen ein gemeinsames sentisches Resonanzsystem, das ausschließlich für diese beiden Freunde gilt. Vor diesem wissenschaftlichen Hintergrund wird auf einmal verständlich, dass es nicht nur romantisches Gerede ist zu behaupten: Der Freund ist „einzig in der Welt", er erhält einen besonderen Platz im Herzen des anderen, er ist nicht ohne weiteres austauschbar; es entsteht ein „wesenhaftes, heiliges Bündnis" zwischen beiden. Das schließt nicht aus, dass Freundschaft auch zu Ende gehen darf.*

Auch wenn es stimmt, dass grundsätzlich jeder zuerst selbst für sein Wohlfühlen und Heilwerden verantwortlich ist: Um den Freund kümmere ich mich doch in besonderer Weise.

Weil ich zunächst möchte, dass es ihm *gut geht*, nehme ich mir Zeit für ihn, höre ihm zu und halte sein Leid aus. Darüber hinaus wünsche ich mir aber auch, dass er im Leben *weiterkommt*. Und das kann erfordern, dass ich ihn auch mit Unangenehmem konfrontiere.

In manchen Situationen hat der andere blinde Flecken und vermag nicht zu sehen, was seinem Wohl und vor allem seinem Heilwerden dient. Deshalb weiß *ich* gelegentlich tatsächlich besser, was gut für ihn ist. Weit davon entfernt, ihn als *Person* in Frage zu stellen, kritisiere ich lediglich sein *Verhalten*. Ihn so mit der Realität zu konfrontieren, ist dann Ausdruck liebender Sorge.

*„Zur Grausamkeit zwingt Liebe mich"* lässt schon Shakespeare den jungen Hamlet zu seiner Mutter sagen, als der überzeugt ist, ihr die bittere Wahrheit zumuten zu müssen.

Lieblosigkeit bedeutet also nicht nur, zu wenig fürsorglich zu sein. Ein Versagen der Liebe ist es auch *„(...) keine Kritik zu üben, wenn Kritik und Konfrontation zur Förderung der geistigen Reife nötig wären (...)"*[33]

Bei der Kindererziehung ist das leichter nachzuvollziehen: denn Kinder brauchen offensichtlich zweierlei Arten von Liebe:
- Nährende, fürsorgliche Liebe, wie Zärtlichkeit und Zuhören, aber auch:
- Konfrontierende Liebe: Zur rechten Zeit ein kräftiges „Halt", das einen gefährlichen Weg *stoppt* und damit Orientierung und *Halt gibt*.

Ein solches Ausüben liebevoller Konfrontation erfordert viel Sorgfalt und Verantwortungsgefühl. Dabei sollte mir klar sein: Mein Standpunkt ist keine absolute, sondern immer *nur meine* Wahrheit, nicht mehr als ein *Angebot* an den Partner, das dieser kritisch prüfen sollte.

# VI. Erotik und Sexualität

Was gab es da früher viel zu reden? Anfangs war man ineinander verliebt und verstand sich auch ohne viele Worte. Und später sorgten dann – etwas weniger romantisch – eheliche Rechte und Pflichten für Ordnung.

Das ist allerdings schon eine Weile her; offiziell zumindest begann ab 1977 mit Einführung des jetzigen Eherechts eine neue Zeit.

Auch in der Praxis hat sich inzwischen viel verändert. Erotik und Sexualität sind nicht länger etwas Selbstverständliches, sondern zur „Verhandlungssache" geworden, brauchen also dringend das Gespräch.

## A) Erotik als Aufgabe

Anders als im Tierreich möchte der Mensch über die Werbungszeit hinaus seine erotische Ausstrahlung bewahren. Doch diese bleibt nicht einfach von alleine bestehen, sondern will ausgebildet und weiterentwickelt sein. Dazu müsste jeder Einzelne gewissermaßen ein eigenes „erotisches Programm"[34] entwerfen, das ihm hilft, bis ins Alter eine lebendige und interessante Person zu sein.

Einen wichtigen Impuls bekommt dieser Prozess in *der* Zeit, in der jeder ein „integratives Ich" entwickelt, also auch gegengeschlechtliche Eigenschaften in sich selbst entfaltet. Ein im Kern „harter" Mann wird für Frauen erst so richtig interessant, wenn er – ohne seine Konturen zu verlieren – auch sanfte, zärtliche und einfühlsame Züge herausbildet. Und umgekehrt kann eine „weibliche" Frau ungeheuer an Ausstrahlung gewinnen, wenn sie selbstbewusst und zielstrebig auftritt.

# B) Gestaltete Sexualität

## 1. Weibliche und männliche Sexualität

Üblicherweise erleben **Frauen** sexuelles Zusammensein nur dann als befriedigend, wenn sie insgesamt liebevolle Gefühle für den Partner hegen, wenn Sexualität in die Gesamtbeziehung eingebunden ist.

Biologisch bedingt oder gelernt? Immerhin praktizieren Frauen in einigen nordafrikanischen Kulturen durchaus eine aggressive und uns „männlich" anmutende Sexualität – losgelöst von jeglicher Zuneigung. Aber wenn wir in unseren Breiten bleiben: Hier lernen kleine Mädchen früh – angesichts eines meist abwesenden Vaters – erotische Bedürfnisse aufzuschieben und *zurückhaltend* zu sein.

Anders bei **Männern.** Früh macht ein kleiner Junge ganz andere Erfahrungen. Im Körperkontakt mit seiner Mutter – seiner ersten Geliebten – bekommt er das, was er sich *holt*.[35] Und so ist es für ihn später leichter – sicherlich hormonell mitbedingt –, sexuelles Begehren von sonstigen Gefühlen zu trennen.

Allerdings ist für Männer – nach dem Wegfall „ehelicher Rechte" und angesichts entsprechend weniger „pflichtbewusster" Partnerinnen – die Situation inzwischen dramatisch geworden. Seit einiger Zeit suchen immer mehr junge Männer verzweifelt die Eheberatung auf, weil sie in einer konflikthaften Ehe seit langem Sexualität nicht mehr leben können.

Es reicht für Männer heute nicht mehr, sich auf die Schnelle ein wenig „Liebeskunst" anzueignen. Mittlerweile müssen sie mühsam „Beziehungskunst" erlernen, um die Partnerbeziehung so mitgestalten zu können, dass sich auch die Frauen gefühlsmäßig bereit fühlen.

Auch wenn es den sonst herrschenden Machtverhältnissen zu widersprechen scheint: Männer sind in ihrer Identität in viel stärkerem Maße von Frauen abhängig, als üblicherweise angenommen. Zunächst ganz allgemein: Hinter manchem Macho steckt in Wahrheit ein Muttersöhnchen, und das Ausgrenzen und Bekämpfen des Weiblichen zeugt letztlich nur von tiefer Verunsicherung. Auch wenn der Cowboy ein Zerrbild eines von

Frauen unabhängigen Mannes ist: Einen Schuss „Cowboyhaftes" wünsche ich manchem verzweifelten Mann, dessen ganzer Lebenssinn zusammenzubrechen droht, wenn seine Frau sich von ihm abwendet.

Diese Abhängigkeit zeigt sich nicht zuletzt bei der erwähnten sexuellen Not. Einen Ausweg daraus sehe ich nur darin, dass „wir" Männer eine völlig neue Einstellung zur Sexualität gewinnen, die uns ein Stück von der Fixierung auf Ejakulation und Leistung befreite und uns so die Zeit gäbe, uns ohne sexuellen Druck und intensiv genug der Pflege der Gesamtbeziehung zu widmen.

In unserer Kultur ist unter dem Einfluss eines lange trieb- und leibfeindlichen Christentums sexuelle Erregung weitgehend etwas, das man als Mann sehr rasch als unangenehme Spannung erlebt und deshalb ejakulativ loswerden möchte. Solange eheliche Rechte herrschten, war für die erwünschte Entspannung gesorgt.

Was uns andere Kulturen – etwa der Taoismus – jedoch lehren: Sexuelle Erregung könnte als wertvolle, kreative und nicht im geringsten bedrängende Lebensenergie empfunden werden, die sich jeweils *den* Weg sucht, der gerade gangbar ist. Der bekannte, kürzlich verstorbene Psychoanalytiker M. L. Moeller [36] – bestimmt nicht als unseriös einzuschätzen – betont, welche Bereicherung auch für uns westliche Menschen ein solches „Tao der Liebe" sein könnte. Es würde Männern nicht nur den bisherigen Druck nehmen, sondern der gesamten Partnerbeziehung zugute kommen und anderen Formen der Sexualität mehr Raum einräumen.

Mittlerweile gibt es auch für westliche Menschen geeignete Methoden[37], diese neue Einstellung zur Sexualität zu erfahren.

## 2. Die mögliche Vielfalt der Sexualität

Sexualität könnte viel mehr sein, als ein entweder der männlichen „Notdurft" dienender Einheitssex oder als eine sportliche Höchstleistung. Viele wesentliche Grundbedürfnisse ließen sich wunderbar mit Sexualität verbinden:

| | |
|---|---|
| • Spannungsabfuhr | • Verschmelzung der Polaritäten |
| • lustvoll und spielerisch | „männlich" und „weiblich" |
| • Kuschelsex (Geborgenheit) | • Individuation: Versöhnung |
| • Ausdruck von „Macht" | mit Anima, Animus (Begegnung) |
| (Erobern, Locken, | • Symbol spiritueller Erfahrung: |
| Verführen u. ä.) | Austausch kosmischer Kräfte |
| • Zeugung | |

Diese größer gewordene Bandbreite der Sexualität hat verschiedene Ursachen:

Einmal sind die Ansprüche der Frauen auch in dieser Hinsicht gewachsen. Sie melden mittlerweile ihre eigenen – von denen der Männer oft abweichenden – Bedürfnisse selbstbewusster an.

Zum andern haben fernöstliche Philosophien – wie etwa Tantra – den Blick geweitet in Richtung Spiritualität der Sexualität.

Dieser gesamte Bereich ist jedoch sehr „störanfällig".

**Sexuelle Störungen** können schon vor der betreffenden Paarbeziehung bestanden haben und in diese mitgebracht worden sein. Doch häufig entstehen sexuelle Probleme erst im Verlauf einer unbefriedigenden Zweierbeziehung, sind gewissermaßen nur deren Folge.

• So drücken Erektionsstörungen meist nur aus, dass ein Mann allgemein in einem konflikthaften Verhältnis mit seiner Partnerin steht. Allerdings kann erschwerend hinzukommen, dass der Betreffende sich selbst so unter Druck setzt, dass die Angst vor Versagen eben wieder dieses Versagen auslöst, was wiederum die Angst steigert. Ein Teufelskreis.

• Ähnlich kann es auch bei der weiblichen „Frigidität" liegen. Nicht selten hat sie mehr mit der „Kälte" in der Paarbeziehung zu tun, als mit einer individuellen Störung.

## 3. Sexualität und Gespräch

Um in diesem komplizierten Bereich halbwegs zurecht zu kommen, ist das *Gespräch* unerlässlich. Dabei könnten beide eine für sie stimmige Sprache finden, gewissermaßen ihren eigenen erotischen Dialekt entwickeln:

> „Ich hätte richtig Lust auf XY; stimmt das auch für dich? Oder worauf bist du scharf?"
>
> „Ich hab' manchmal ganz ausgefallene Fantasien, nämlich … – Und was malst du dir manchmal heimlich aus? Verrat mir's."
>
> „Ich muss aufpassen, dass ich mich nicht in etwas hineinsteigere, wenn's manchmal nicht so recht klappt bei mir. Aber vielleicht ist das normal, dass sich das nicht auf Knopfdruck ein- und ausschalten lässt."

So, oder so ähnlich könnte man mit seinem Partner reden über wichtige Aspekte seiner Sexualität. Was soll so abwegig daran sein, dass jeder

– seine *ganz eigenen*, oft vom Partner abweichenden **Bedürfnisse** hat, die er eben mit ihm abstimmen muss.

– seine ganz besonderen **Fantasien** pflegt, die man – solange sie nicht gegen den Willen des Partners ausgelebt werden – nicht gleich als pervers abtun sollte.[38]

– seine **Schwachstellen** hat, die oft „normaler" sind, als das herrschende Leistungsdenken zugesteht, und eben erforscht werden sollten, um ihre Botschaft zu verstehen.

Mit all dem ein wenig mutiger und lockerer umzugehen als üblich, wäre eher ein Zeichen der Stärke als der Schwäche. Normale Schwierigkeiten müssten nicht zwangsläufig zu Problemen oder gar Katastrophen führen.

# VII. Krisen

Eine Krise ist eine Situation, in der die bisherige Art zu leben oder zusammenzuleben nicht mehr so recht gelingt. Eine **grundsätzliche Veränderung ist fällig**.

Problemhaft ist nicht so sehr die Krise selbst, als das Ausweichen davor: Die Weigerung, sich dem Neuen zu stellen.

• *Individuelle Krisen* haben mit wichtigen Lebensthemen zu tun, die anstehen (z. B. Loslösung von Eltern) oder auf einen zukommen (z. B. Krankheit). Manche erleben so etwas ausschließlich als Belastung und *Überforderung*, andere als *Herausforderung*.

• *Beziehungskrisen*: Wesentliche Beziehungsthemen wollen in Angriff genommen werden, meist in dem Sinne, dass die Gemeinschaft eine neue Qualität erfährt. (z. B. Herstellen von Gleichwertigkeit).

Um Krisen nicht zur Katastrophe werden zu lassen, sondern die neben jedem Risiko immer auch vorhandene Chance zu nutzen, werden beide Partner zunächst durch Beziehungsgespräche die Weichen dafür stellen müssen, dass es zu einer kontinuierlichen Arbeit an dem betreffenden Thema kommt, notfalls auch mit fachlicher Begleitung.

## A) Typische Krisen in der Paarbeziehung

In Anlehnung an J. Willi[39] bringe ich einen kurzen, stichwortartigen Überblick über häufige Beziehungskrisen.

*Phase der Paarbildung*

Völlig neue Aufgaben stehen an: Eine Wohnung beschaffen, das Zusammenleben gestalten, Sexualität im Alltag leben. Entsprechende Ängste kommen hoch, nicht selten entsteht Panikstimmung.

*Aufbauphase*

Das Paar muss seinen Platz in der Gesellschaft finden. Die Loslösung von der eigenen Herkunftsfamilie und das Zurechtkommen mit der Familie des Partners gelingen oft nicht. – Im Beruf geht es darum, eine gute Position zu erringen. – Wird man im Alltag ein gut aufeinander eingespieltes Team? – Wie viel Eigenleben ist aufzugeben? – Wenn Kinder kommen, treten gemeinsame Aktionen und Sexualität oft in den Hintergrund. Die Frauen konzentrieren sich auf das Kind, die Männer geraten ins Abseits.

*Die mittleren Jahre*

Ist die Berufstätigkeit noch erfüllend? – Das Älterwerden ist unübersehbar geworden. – Ist das Leben in die falsche Richtung gelaufen, beruflich und privat? – Lässt sich Versäumtes noch nachholen? – Ein neuer Freiheitsspielraum entsteht, wenn die Kinder ausziehen. – Man identifiziert sich nicht mehr so stark mit der Ehe. – Oft kommt es zu Außenbeziehungen, zu Trennung oder Scheidung.

*Die Altersehe*

Häufig kippt jetzt ein bisher bestehendes Gefälle, wobei nicht selten die Frauen sich als die Stärkeren entpuppen. – Freunde sterben weg und veranlassen dazu, Bilanz zu ziehen. – Entweder rücken die Partner wieder enger zusammen oder trennen sich. – Der Tod eines Partners kann sowohl erleichternd als auch schwer belastend sein.

## B) Umgang mit Krisen in verschiedenen Phasen

Häufig leidet ein Partner (A) eher unter den Umständen als der andere (B). Je später der reagiert, desto kritischer wird A's Gefühlssituation.

- ### *Die Anfangsphase einer Krise*
A klagt über unbefriedigende Bedingungen:
– (zu B) „ Ich möchte, dass *ich an erster Stelle* stehe und nicht deine Eltern. Wir sollten an einem Strang ziehen."

- „Ich will endlich *gleichberechtigt* sein."
- „Ich empfinde die *Kälte* in unserer Beziehung als unerträglich."

Wenn B die Klagen ernst nimmt, kommt es zu einem guten **Gespräch,** in dem A offen seine Gefühle und Wünsche ausspricht und B darauf eingeht. Dann müssten sie sich über die Ziele und den Weg zu einer Veränderung einig werden.

In Bildern: Ein durchaus noch tragfähiges Partnerhaus muss **umgebaut** (vgl. S. 96 ff.) oder ein im Kentern begriffenes Boot aufgerichtet und repariert werden.

Wie weit solche konkreten Ziele wie „Abgrenzung von den Eltern", „Gleichwertigkeit" und „Mehr Nähe herstellen" mit Motivation und Selbstdisziplin allein zu erreichen sind, ist kritisch zu überprüfen. Zu viele individuelle, meist unbewusste Widerstände können im Wege sein. Deshalb rate ich sehr zur Eheberatung.

- **Phase der Zuspitzung**

Wenn A mit seinen Klagen über längere Zeit kein Gehör findet, beginnt bei ihm die Gefühlsuhr zu laufen, Gedanken an Trennung und Scheidung tauchen auf und irgendwann ist es gefühlsmäßig 10 vor 12 oder schon beinahe 12 Uhr. Auch eine Außenbeziehung droht.

Spätestens jetzt wird B aus seinem „Beziehungsschlaf" erwachen und leider oft mit Gewalt versuchen, das Versäumte auf die Schnelle nachzuholen. Der so entstehende Druck kann der Beziehung den Rest geben. Denn was jetzt vor allem zählt, ist Ruhe ins Spiel zu bringen. Räumlicher Abstand, wenn nicht sogar zeitweise Trennung, könnten dazu beitragen.

Ziel: **Notreparatur** des Beziehungshauses:

Äußerste Behutsamkeit ist also erforderlich, um nicht innerhalb kürzester Zeit das restliche Gefühlsporzellan zu zerschlagen, wie ich immer wieder in der Eheberatung miterleben muss. Es ist der falsche Zeitpunkt, um die Ärmel hochzukrempeln und etwas kitten zu wollen. (Nach Illustriertenratgebermanier: „Machen Sie halt Urlaub!" oder „Gehen Sie öfter mal zum Essen.")

B wird sich tatsächlich zunächst „zusammenreißen" müssen, um wenigstens erst einmal oberflächlich loszulassen und auch dem anderen ein Zeichen des guten Willens zu geben. Doch dann wären für ihn weitere Schritte nötig, um wirklich loslassen zu können.

**Echtes Loslassen** geht weit über eine verkniffene Warteposition hinaus, die immer noch subtilen Druck ausübt und alles andere als attraktiv auf den Trennungswilligen wirkt. Während A meist einen oft jahrelangen Leidens-Vorsprung hat, muss B jetzt folgende Schritte gehen.

1. *Akzeptieren*, dass die *alte* Beziehung unwiderruflich *zu Ende* ist und es völlig offen bleibt, ob etwas Neues entstehen kann. Das auch emotional zu vollziehen, erfordert eine längere **Trauerarbeit:** sich systematisch den – hinter zudeckender Wut – stehenden Grundgefühlen von Traurigkeit, Enttäuschung und Angst zu stellen, sich davon durchschütteln zu lassen, immer wieder, bis die Tränen, die geweint werden müssen, geweint sind. Dieser Prozess wird allerdings immer wieder unterbrochen, wenn neue Hoffnung aufkeimt. (Psychologische Hilfe ist anzuraten. Mittlerweile werden bei uns entsprechende Trauergruppen angeboten.)

2. Mit zunehmender emotionaler Freiheit wird auch B's *Denken klarer* und realistischer werden, was die Beurteilung der Situation betrifft. Er entdeckt seinen eigenen Beitrag am Scheitern und sieht sich nicht länger als armes Opfer.

3. B's bisher blockierte *Energie* wird allmählich *freier* für neue Lebensziele.

Ich erfahre in der Beratung immer wieder, dass sich bei einem solch reifen Umgang mit der zugespitzten Krise die Gefühle des Trennungswilligen mit der Zeit erholen.

Bei Ehepaar X:

– Der *Mann (B)* ist seit drei Monaten ausgezogen. Er hat es geschafft, loszulassen und zeitweise sogar Gefallen am Kontakt mit neuen Freunden zu finden.

– Die *Frau (A)* in der Eheberatung zu ihm: „Ich merke, ich kann mir durchaus vorstellen, dass wir eines Tages wieder zusammenziehen. Danke auch, dass du im Umgang mit den Kindern fair bist, mich nicht anschwärzt und mich unterstützt. Meinetwegen können wir mal zusammen mit den Kindern wandern. Oder auch zu zweit mal zum Essen gehen."

Jetzt müsste doch noch das Paarhaus saniert und Schritt für Schritt umgebaut werden.

## • Phase des Zusammenbruchs

A wird über seine Gefühle berichten: „Es ist zu spät, ich empfinde nichts mehr für dich." Es ist bereits 12 Uhr vorbei. Im günstigsten Fall wird A hinzufügen: „Auch wenn ich mir einen Neuanfang nicht mehr vorstellen kann, will ich das *nicht völlig ausschließen.*"

Wenn jetzt B Druck ausübt, wird er schnell den letzten Rest von A's Gefühlen vernichten.

Vorrangiges Ziel: Verhindern, dass das Haus unkontrolliert über den Köpfen des Paares und der Kinder zusammenstürzt mit allen damit verbundenen Verletzungen und Spätfolgen, vor allem für die Kinder. Das liefe auf einen **kontrollierten Abriss** des alten Beziehungshauses hinaus. Ob nach Wegräumen der Trümmer irgendwann später ein **Neubau** möglich wird, steht in den Sternen, ist aber nicht völlig auszuschließen. Es hängt auch davon ab, wie fair man in dieser schwierigen Phase miteinander umgeht.

## • Trennung und Scheidung – Folgen für Kinder

Die früher oft geäußerte Ansicht: „Der Kinder wegen bleiben wir zusammen" wird heute kritischer beurteilt.

*Nicht die Scheidung selbst, sondern der destruktive Umgang der Partner miteinander schädigt die Kinder.*

In einer zerrütteten Ehe können die Eltern ihren Kindern bestenfalls die *Fassade* eines heilen Elternhauses bieten, nicht aber das, was Kinder wirklich brauchen:

- Eine relativ entspannte Atmosphäre
- Ein Modell für einen partnerschaftlichen Umgang von *Mann und Frau.*

Was aber durchaus erhalten bleiben kann, trotz Trennung:
- Der eigengeschlechtliche Elternteil als Orientierungshilfe.
- Der gegengeschlechtliche Elternteil zum Einüben der Geschlechterrolle.

*Rolle des Gesprächs*: Da getrennte Partner meist auf der Elternebene weiter im Kontakt bleiben müssen, sind guter Umgang miteinander und gutes Gespräch unerlässlich, der Kinder wegen. Dies gelingt aber nur, wenn die genannten drei Schritte vollzogen wurden, die nötig sind, um sich mit dem Ende der Beziehung zu versöhnen. Lediglich „vernünftig" sein zu wollen und vor den Kindern auf ein Schimpfen über den andern Elternteil zu verzichten, bringt nicht nur nichts, sondern ist sogar gefährlich. Denn entscheidend sind die subtilen Botschaften, die jemand nonverbal ausstrahlt. Weil die Kinder sie nicht bewusst wahrnehmen, können sie sich auch nicht dagegen wehren.

Herr L schluckte zwar die bittere Pille, dass seine Frau sich scheiden ließ, hat sich aber der Trauerarbeit nicht gestellt. Das bedeutet, dass er sich nach wie vor als Opfer sieht. Auch wenn er fairerweise bei den zweiwöchentlichen Treffen mit seiner Tochter Martina (12) offene Anschuldigungen unterlässt, strahlt er doch mit seiner gesamten Körpersprache – Mimik, Gestik, Stimme . . . – eine einzige massive Botschaft aus: „Sie hat mich verlassen, sie hat mich im Stich gelassen, ich bin ein **Opfer.**" Kein Wunder, dass die Tochter sich in ungesunder und sie überfordernder Weise für ihren armen Vater verantwortlich fühlt, unterschwellig dessen Sicht übernimmt und die Einstellung gewinnt, dass Frauen Täterinnen und Männer Opfer sind. Das kann ihr fünfzehn Jahre später zum Verhängnis werden, wenn sie etwa einen Mann heiratet, der nach dem Muster ihres Vaters von einer „bösen" Frau verlassen wurde. Damit ist das Scheitern ihrer Ehe beinahe schon vorprogrammiert.

Tröstlich ist: Eltern, die sich der Verantwortung für ihre Kinder bewusst sind, können selbst im Scheitern nicht nur unnötigen Schaden für sie vermeiden, sondern ihnen – durch die reife Art, wie sie sich trennen – sogar ein großes Geschenk machen: *Als Modell dafür, wie zwei sich zwar nicht mehr als Mann und Frau lieben, aber trotzdem reif und anständig auseinander gehen.*

# C) Die Außenbeziehung

Häufig neigt eine Zweierbeziehung unter Stress dazu, sich auszudehnen.[40] Schon im Normalfall ist es in einer partnerschaftlichen Beziehung in einem sehr weiten Sinn selbstverständlich, dass jeder „Ergänzungspartner" hat: Freunde, Sportkameraden u. ä. Der Schwerpunkt sollte jedoch bei der Paarbeziehung bleiben. Die Toleranzschwelle ist meist dann überschritten, wenn intime Außenbeziehungen entstehen.

Welche *Rolle* spielt eine Außenbeziehung nun im Zusammenhang mit einer krisenhaften Partnerschaft?

Grundsätzlich ist festzuhalten: Normalerweise dringt nicht – wie üblicherweise gesehen – der Dritte in eine intakte Paarbeziehung ein. Vielmehr ist es eher umgekehrt: Der betreffende Partner „benutzt" gewissermaßen unbewusst einen Dritten, braucht ihn für sich und seine problematische Partnerbeziehung.

So gesehen, kann ein Dritter folgende unterschiedliche Funktionen haben:[41]

### Außenbeziehung als **Flucht** vor Weiterentwicklung

Herr X hatte seinerzeit in einer kritischen Lebenssituation seine um einige Jahre ältere Frau kennen gelernt. Auch während der 10-jährigen Ehe kam er nie aus der Rolle des verwöhnten Kindes heraus. Als seine Frau ihrer verantwortungsvollen Position überdrüssig wurde und von ihm erwartete, er möge in jeder Hinsicht auf eigenen Beinen stehen lernen, entzog er sich dieser Forderung und verliebte sich prompt wieder in eine ähnlich mütterliche Frau, in der er als „unterdrückter Ehemann" fürsorgliche Behandlung erfuhr. Er ist einer Entwicklungsaufgabe ausgewichen.

### Außenbeziehung als **Ergänzungs**partnerschaft

Manchmal geht einer zum Ausgleich einer Mangel-Ehe eine kurzfristige Außenbeziehung ein, in der er etwas leben kann, was trotz aller Bemühungen in der Ehe nicht möglich ist. Dabei geht es oft gar nicht um Sexualität, sondern um alle möglichen anderen Themen.

Frau S kann endlich mit ihrem Freund Bergtouren unternehmen, die ihrem völlig unsportlichen Mann absolut nicht liegen. Dabei entdeckt sie, wie sehr bisher ihr vitales Lebensgefühl blockiert war.

Häufig ist eine solche Beziehung derart einseitig und auf einen einzigen Aspekt reduziert, dass sie als Dauerbeziehung gar keine Chance hätte und insofern keine ernsthafte Gefahr für die Ehe darstellt. Umso tragischer ist es, wenn durch massiven Druck seitens der jeweiligen Ehepartner ein solches Liebespaar so zusammengeschweißt wird, dass es gegen besseres Wissen ins Unglück rennt.

Vor Jahren kreuzte ein solches Liebespaar bei mir in der Eheberatung auf mit dem verzweifelten Anliegen an mich: „Bitte helfen Sie uns, wir *müssen* glücklich werden." Und sie fügten hinzu: „Wissen Sie, auch wenn wir uns mögen, passen wir doch nicht so recht zusammen und haben auch nie an ein Zusammenleben gedacht. Aber unsere Ehepartner machen solchen Terror. Wir können nicht mehr zurück."

Übrigens ist manchmal der „Betrogene" insgeheim durchaus an einer Außenbeziehung des anderen interessiert, wenn er so von dessen extremen Ansprüchen entlastet wird und eine bisher im Raum stehende Trennung nicht länger befürchten muss.

### Außenbeziehung als Versuch der **Weiterentwicklung**

Einer (A) begegnet nach vielen vergeblichen Versuchen, den Partner zu einer Weiterentwicklung der Beziehung zu bewegen, einem Dritten, bei dem er genau diese erwünschte Erfahrung machen kann. Er lernt auf diese Weise das so lange Angestrebte kennen und kann es einüben.

Frau M ist in ihrer Ehe schon lange damit unzufrieden, nur die zweite Geige zu spielen. Um selbstbewusster und eigenständiger zu werden, will sie umschulen und sich ein kleines Auto zulegen. Doch sie findet bei ihrem Mann kein Gehör und erst recht keine Unterstützung.

Da lernt sie einen etwas jüngeren Mann kennen, der gerade in einer Krise steckt und ihre Hilfe sucht. Sie genießt es, von ihm ernst genommen zu werden, zu erleben, wie sie endlich ihr Wissen und Können an den Mann bringen kann. Eine völlig neue – starke – Rolle.

Vielleicht wurde durch die geschilderten unterschiedlichen Beispiele deutlich, dass ein moralisches Bewerten als „Betrüger" und „Täter" auf der einen und als „Betrogener" oder „Opfer" auf der anderen Seite diesem Geschehen nicht gerecht wird.

Man könnte im vorherigen Beispiel von Frau M durchaus den Spieß umdrehen und sich fragen, ob nicht Herr M, der über viele Jahre die Verselbständigungsversuche seiner Frau behinderte, nicht mit gleichem Recht als „Täter" bezeichnet werden könnte.

Mir scheint es an der Zeit, die übliche Vorstellung von Treue, die ja in unserer Gesellschaft negativ [42] definiert wird, in Frage zu stellen.

### Negativ definierte Treue

Wenn ich nichts Unerlaubtes tue, eine „weiße Weste" habe, bin ich – moralisch betrachtet – treu. „Doch wie's da drin aussieht – in der Beziehung, hinter der Fassade – geht niemanden etwas an."

Unerlaubt ist vor allem Sexualität mit einem anderen. Andere massive Formen der Abwendung vom Partner dagegen werden von der herrschenden Moral toleriert:

– Die Frau, die nur noch für ihre Kinder da ist, wird als „liebevolle" Mutter hochgeschätzt.
– Der Mann, der seine Frau im Stich lässt und praktisch mit Beruf oder Hobby „verheiratet" ist, wird mit der Begründung entschuldigt, er sei eben ein „fleißiger Mann" oder „brauche" sein Hobby zur Erholung.

Völlig ad absurdum geführt wird der negativ definierte Treuebegriff, wenn sich jemand mit seiner „weißen Weste" brüstet:

Nicht selten erlebe ich in der Beratung, dass in einer Ehe, in der man sich gegenseitig in übler Weise behandelt, jeder mit größter Selbstgerechtigkeit betont: „Fremdgegangen bin ich noch nie im Laufe der Ehe."

### Positiv definierte Treue

Treue bedeutet hier, den Partner grundsätzlich zu bejahen und sich intensiv um die Gestaltung der Beziehung zu kümmern. Hier ist nicht die Fassade wichtig, sondern das, was im Inneren der Beziehung tatsächlich geschieht, wie beide miteinander umgehen. Vielleicht sogar dann noch menschlich, wenn ein Dritter im Spiel ist.

### Ist es sinnvoll, Treue zu fordern?

Es sind Autoritäten, die im Dienste ihrer Machterhaltung dazu neigen, Eide und Treueschwüre zu fordern. Der Staat bei der Eheschließung und beim Fahneneid; die Kirche bei ihren Priestern. Wer dagegen verstößt, hat mit ernster Bestrafung zu rechnen. Eine einmal getroffene Entscheidung – und mag sie noch so unreif gewesen sein – darf nicht mehr in Frage gestellt werden.

Und entsprechend ist die gegenseitige Treue**forderung** der Partner das Anmelden von Besitzansprüchen. Sie ist Ausdruck jener von E. Fromm [43] beschriebenen *Haben*-Orientierung im Gegensatz zu der Orientierung am *Sein*, die sich zwar auch Treue wünscht, jedoch erst die Weichen dafür stellt und dann einiges dafür investiert.

| Haben-Orientierung | Sein-Orientierung |
| --- | --- |
| Ausgangspunkt: „Mein" Partner **gehört mir.** | Ausgangspunkt: „Wir **gehören zueinander".** |
| Treue wird **gefordert.** | Treue wird gewünscht und **angestrebt.** |
| Treue wird negativ definiert: Nichts Unerlaubtes (z. B. Sex) darf getan werden. | Treue wird **positiv** definiert: Bejahung und Pflege der Beziehung |
| Anfangs oft **naives unrealistisches Vertrauen**: Dass der andere mir gehört, ist selbstverständlich. | Durchgehend **realistisches** „Misstrauen" i. S. von: Es ist nichts selbstverständlich. |
| **Trügerische Sicherheit** bei unterschwelliger Angst. Wachsendes Misstrauen. | Wachsende **Gewissheit** basierend auf **guten Erfahrungen** miteinander – Freude an der Beziehung. |
| Bei ersten Enttäuschungen: **Extreme Kontrolle.** Wachsende Angst. Bestenfalls eine **erzwungene Treue** (Fassade). | Bei Enttäuschungen: **Verstehen** der Vorkommnisse und **verstärktes Bemühen.** Chance: Eine **gewachsene** Treue. |
| Bei Außenbeziehung: – Einer ist „Täter" – Der andere ist „Opfer" | Bei Außenbeziehung: Was **trug jeder** dazu bei? Was wird in der Beziehung nicht gelebt? |
| Konsequenz: **Bestrafung des Täters.** Bei Sühne evtl. Verzeihung möglich. | Konsequenz: Sinnvolle **Arbeit an der Beziehung; jeder trägt** auf seine Weise **dazu bei.** So wird Außenbeziehung evtl. überflüssig. |
| => **fragwürdige Grundlage für weitere Beziehung.** | => **neue, tragfähige Grundlage für weitere Beziehung.** |

Weltoffene Theologen[44] aller Konfessionen betonen gerade unter Berufung auf das Jesuswort, wonach man das Schwören lassen solle: Nicht die Treue sei die Grundlage der Liebe, sondern umgekehrt: Die Treue ist die Folge der Liebe. In Abwandlung eines Satzes von Saint-Exupéry könnte man auch feststellen:

*Wenn du die Treue begreifen willst, musst du sie als Lohn verstehen, und nicht als Ziel.*

## Wie man reif mit einer Außenbeziehung umgeht

Das eigentliche Problem ist hier meist nicht das Geschehen selbst, sondern die Art und Weise, wie die Betroffenen es handhaben.

• Der „Täter" ist häufig dadurch verletzend, dass er in taktloser Weise und an der falschen Stelle offen ist. Oft ein unreifer Versuch, durch ein Geständnis Absolution zu erlangen.

• Das „Opfer", das ein Ultimatum stellt, verliert nicht selten den Partner entweder jetzt endgültig – und zwar oft unnötigerweise. Oder: Es gewinnt ihn zwar zurück, allerdings nur als Hülle – ohne seine Seele.

In einer meiner ersten Beratungsstunden war eine resolute Frau zusammen mit ihrem Mann erschienen. Aufgebracht berichtete sie, sie sei vor kurzem dahinter gekommen, dass er eine Freundin habe. Genau zwei Wochen gebe sie ihm, dieses Verhältnis zu beenden. Stumm hörte sich der Mann die Forderung an. Alle meine Versuche, zwischen den beiden ein Gespräch in Gang zu bringen, scheiterten. Den nächsten vereinbarten Termin sagte die Frau telefonisch ab mit der Begründung, es sei jetzt wieder alles in Ordnung: Ihr Mann habe sich von der Freundin getrennt.

Zwei Jahre später stand die Frau vor der Tür der Beratungsstelle und bat um ein kurzes Gespräch. „Ich habe damals einen großen Fehler gemacht", waren ihre ersten Worte. Ihr Mann habe zwar die Freundin aufgegeben, aber seitdem fast kein Wort mehr mit ihr gesprochen. „Es war so, als ob ich nur noch seine Hülle neben mir gehabt hätte. Seine Seele war woanders." Das ging noch einige Monate so weiter. Eines Morgens, als sie in seinem Zimmer nachsah, lag er tot im Bett.

Statt also nur moralisierend auf das Unerlaubte zu starren und Forderungen zu stellen, was *mit Liebe nichts* und mit *Besitzansprüchen alles* zu tun hat: Vielleicht doch herausfinden, wie jeder auf seine Weise zur Krise beigetragen hat. Spüren, dass vielleicht trotz der Außenbeziehung in der Ehe Wesentliches erhalten blieb. Um vielleicht eine neue Basis zu schaffen: Die noch vorhandene „Rest-Treue"[45] ausloten und die lange Zeit nach außen gerichtete Neu-Gier wieder auf den Partner lenken. Möglicherweise wird dann die – tatsächlich oder nur noch in der Fantasie gelebte – Außenbeziehung überflüssig.

Statt „unerlaubte" Untreue zu bekämpfen, würden so die Weichen für eine wachsende und eines Tages „gewachsene" Treue gestellt.

# VIII. Die Arbeit an der Paarbeziehung – eine Aufgabe

Bisher war viel von den *Risiken* einer Paarbeziehung die Rede: *Neben*einander, *Gegen*einander, *Aus*einander.

Aber auch die *Chancen* wurden sichtbar: faire Zusammenarbeit – sowohl Freiheit als auch intensive Nähe – gemeinsame Entwicklung.

Tiere können sich weitgehend auf ihre Instinkte verlassen, die ihnen sagen, wie ein Nest zu bauen und Nachwuchs aufzuziehen ist.

Anders bei uns Menschen: Fast alles muss gelernt werden. Leben ist uns nicht einfach nur *ge*geben, sondern *auf*gegeben. Nur mit einiger Anstrengung lässt sich diese **Aufgabe** meistern, oft nahe am Scheitern.

Das gilt nicht minder für den Bau eines Ehe- oder Paar-Hauses. „Hauptsache, wir lieben uns" scheint für dieses Unterfangen nicht auszureichen, so dass sich die Frage stellt: Nehmen wir die Herausforderung an, Partnerschaft von Grund auf zu lernen, einzuüben und regelmäßig zu warten? Die dazu erforderliche **Beziehungskunst** heißt:

– Gut miteinander *reden* können in allen Lebensbereichen.
– Verantwortlich und zuverlässig *handeln*, tun was zu tun ist.

> Denn jedes Haus ist bedroht. (…) So gründe ich mein
> Heim jeden Augenblick neu, damit es dauere.
> *A. de Saint-Exupéry, Stadt in der Wüste*

## A) Renovieren, Sanieren, Umbauen – Arbeiten am Partnerhaus

Mir ist der Zustand Ihres Partnerhauses nicht bekannt. Vielleicht reichen ja ein paar Reparaturen aus. Oder müssten Sie bereits grundlegend sanieren und umbauen? Damit diese Riesen-

aufgabe überschaubarer wird, unterscheide ich – um im Bild zu bleiben – drei Teilaufgaben voneinander:
- Das *Fundament* sanieren.
- Den *Wohnraum* neu gestalten.
- Das Haus *mit Leben füllen.*

## Das Fundament sanieren

In den ersten Kapiteln brachte ich zahlreiche Beispiele dafür, wie anfängliche Verliebtheit zu intensiver **Entwicklung** eines jeden Einzelnen und der Paarbeziehung führen könnte, etwa:
- Von einem Ungleichgewicht zu Gleichwertigkeit.
- Flexiblere Rollen.
- Bei großer Gegensätzlichkeit: Entwicklung aufeinander zu.

In Beziehungsgesprächen entsprechende gemeinsame Entschlüsse zu fassen und diese dann zielstrebig umzusetzen, gäbe der Paarbeziehung eine Perspektive.

## Den Wohnraum neu gestalten

Ist ein Paar unzufrieden mit der Qualität des *alltäglichen* Zusammenlebens, müssten beide herausfinden, welche *neuen Erfahrungen* sie sich wünschen, etwa im Sinne des geschilderten Partnermodells: Mehr Freiraum oder auch mehr Nähe? Mehr Entspannung oder mehr gesunde Spannung in Form interessanter gemeinsamer Unternehmungen? Ein effektiveres Team?

Die Partner planen gewissermaßen, wie sie den Beziehungs-Wohnraum neu gestalten und einrichten wollen. Als eine Art „psychologischer Innenarchitekt" könnte ich ein paar Anregungen dazu geben: Übrigens, in diesem Fantasieland gibt es genügend preiswerten Wohnraum. Meine Einrichtungsvorschläge:

- Ein *Einzelzimmer* für jeden: Die Möglichkeit zu Erholung und Eigenleben.
- Ein gemütlicher *Ofen*, um bei aufziehender Kälte einheizen zu können: Nähe und Vertrautheit herstellen.
- Ein *Hobbyraum*, eine kleine Bibliothek u.ä., um Interessen verschiedenster Art miteinander leben zu können.

- Ein *Konferenzraum* als Möglichkeit, Alltagsaufgaben miteinander zu besprechen.
- Das gemeinsame *Schlafzimmer* auflösen. Anstelle einer Gewohnheits- oder gar Pflichtsexualität können Partner sich suchen und zur rechten Zeit finden. Dafür reichen die Einzelzimmer und eine *Kuschelecke* völlig. Und nicht vergessen:
- Für jeden ein eigenes Kajak draußen am Ufer, um ein „Reisender" bleiben und seine eigenen Lebensziele weiter verfolgen zu können.

**Das Haus mit Leben füllen**

Jetzt müssten alle diese tatsächlichen wie symbolischen Räume und Einrichtungen regelmäßig genutzt werden, soll nicht ein Geisterhaus entstehen.

- Den Ofen immer wieder anzünden, um wohlige Wärme zu erzeugen. Jeder bringt seine Gefühle, Gedanken, Sehnsüchte mit – gewissermaßen als Brennmaterial – um sie miteinander auszutauschen.
- Das eigene Zimmer auch bewohnen, um zu sich zu kommen. Aber auch, um sich wieder auf den Partner freuen zu können.

Denn alles Lebendige – hier hinkt der Vergleich mit einem Haus – verkümmert, wenn es nicht intensiv genutzt wird. In gelegentlichen Gesprächen könnte man den Stand der Beziehung überprüfen und immer wieder gemeinsames Leben in Gang setzen.

Rituale, wie etwa regelmäßige „Zwiegespräche", hielten das Raumklima gewissermaßen warm. Außerdem braucht es, vor allem in konflikthaften Situationen, eine faire Kommunikation, die blitzschnell zur Verfügung stehen muss. Dies erfordert aber, dass sie einem durch ständiges Üben zur zweiten Natur geworden ist.

> Willst du, dass sie ein Schiff bauen, …
> so lehre sie die Sehnsucht nach dem großen weiten Meer.
> *A. de Saint-Exupéry*

# B) „Nur wer die Sehnsucht kennt …"
# Was motiviert mich?

Üblicherweise sucht man hierzulande erst dann den Arzt auf, wenn man unter Druck gerät und leidet. Anders in China. Schon im Morgengrauen finden sich tagtäglich unzählige Menschen zu gemeinsamen Tai Chi-Übungen ein, um ihre Lebensenergie zum Fließen zu bringen: nicht um nach dem Kranksein wieder gesund zu werden, sondern um gesund zu *bleiben.*

Aus welchem Grund nahmen *Sie* dieses Buch zur Hand? Setzte Ihr Partner Sie unter **Druck,** weil er mit dem Zusammenleben unzufrieden ist? Oder sind *Sie* es selbst, der etwas ändern möchte, ja vielleicht sogar ein wenig **Sehnsucht** nach Neuem verspürt? Denn ohne wenigstens einen Funken davon reicht der Atem für das anspruchsvolle Bauen oder Umbauen eines Beziehungsschiffs oder -hauses nicht aus. Wer nur aus Druck heraus handelt, lehnt sich gerne wieder bequem zurück, sobald es ihm etwas besser geht. Wenigstens der Hauch einer Vision, eines Ideals, wäre vonnöten für das Erlernen von Beziehungskunst und … auch eine kräftige Portion liebevoller **Selbstdisziplin,** um etwa beim intensiven Einüben neuer Kommunikation durchzuhalten.

Eine Frau schleppt ihren Mann zur Eheberatung und fängt sofort zu klagen an, wie kalt es – bei seinem verschlossenen Wesen – in der Ehe immer gewesen sei. Worauf er sich verunsichert an mich wendet mit der Frage: „Muss man denn wirklich *reden* über seine Gefühle?" – Zwei Monate später – sie ist inzwischen ausgezogen – erscheint er überraschend alleine in der Beratung. Auch wenn es für die Ehe jetzt zu spät sei – wie er meint –, möchte er trotzdem nur *für sich selbst* lernen, etwas mehr aus sich heraus zu gehen und Gefühle auszudrücken. Als er auf seine Urlaube in Südfrankreich zu sprechen kommt, beginnt sich sein trauriges Gesicht aufzuhellen. Schwärmerisch erzählt er, wie locker und lebendig er sich dort immer gefühlt habe. Spontan raffe ich ein paar Brocken Französisch zusammen, beginne mit ihm südländisch zu plaudern und im Nu tauchen wir in eine heitere Mittelmeeratmosphäre ein. Als ich schließlich seinen deutschen Vornamen „Peter" umwandle in das französische „Pierre", beginnt er zu strahlen. Zum nächsten Termin erscheint er fröhlich lachend mit einer Baskenmütze auf dem Kopf. Seine bisher verschüttete *Sehnsucht* nach Offenheit und Lebensfreude hat eine Form gefunden. Peter beginnt sich in Pierre zu verwandeln.

Wenn Sehnsucht ein Ziel und einen Namen findet, lässt sie sich immer wieder neu wecken und am Leben erhalten. Auch an einem Vorbild kann man sich orientieren, das die ersehnten Eigenschaften lebt – ein Freund, ein Kollege, ein Filmschauspieler vielleicht. Das mag zunächst recht oberflächliches Nachahmen bedeuten nach dem Motto: „Wie er sich räuspert, wie er spuckt, das hab' ich ihm glücklich abgeguckt." Doch je mehr man die am anderen wahrgenommene Energie verinnerlicht, desto schneller wird man zu dem, der man werden möchte, zu dem, der man *werden kann.* Und dann darf man sich allmählich von seinem Modell wieder verabschieden. Es hat seine Schuldigkeit getan, es kann nun gehen.

## C) Sand im Getriebe – Blockaden beim Lernen

Auch wenn ich mich hochmotiviert daran mache, Neues zu lernen, bewahrt mich das nicht davor, mit äußeren und inneren Hindernissen konfrontiert zu sein.

• *Gegenwind bläst mir ins Gesicht:* Mein Partner oder die Umwelt fühlen sich durch mein neues Verhalten bedroht und sperren sich dagegen.

• *Eigenes Schwanken:* Ich selbst befürchte, mich zu übernehmen und erlebe mich zwiespältig.

• *Widerstände aus der Tiefe*: Tiefgründige, meist unbewusste Widerstände – wie Kindheitsängste und alte Rollenmuster – tauchen auf und blockieren mein Vorhaben.

Am Beispiel der Lernziele *Wünsche offen äußern* (Frau B) und *Faires Umgehen mit anderen* (Herr X) soll das erläutert werden:
*Frau B* möchte es endlich schaffen, selbstbewusster aufzutreten, wozu auch gehört, dass sie *Wünsche offen äußern* lernt.
Als *Vorbild* dient ihr eine selbstsichere Freundin, die meint: „Wenn du dich nicht behaupten kannst in dieser Welt, gehst du unter."

• *Gegenwind* kommt zunächst von ihrem *Partner*, der sie zwar grundsätzlich unterstützt, weil er sich davon eine lebendigere Frau verspricht. Andererseits befürchtet er, dass sie übers Ziel hinausschießt und er die Geister nicht mehr los wird, die er rief.
Konkret: Als sie sich letztes Wochenende seiner Bitte um einen gemeinsamen Spaziergang auf recht ruppige Weise verschloss, weil sie ihre Freundin besuchen wollte, entfuhr ihm ein gekränktes: „Dann fahr' doch hin, es hält dich niemand auf!", was sie wiederum verunsicherte. – Weitere Kritik kommt vor allem von ihren Geschwistern, die sich an ihre bisher so „pflegeleichte" Schwester gewöhnt hatten.

• *Auch sie selbst* kommt manchmal ins *Schwanken.* Eine bequeme Seite in ihr findet das ständige Üben manchmal zu anstrengend und befürchtet zudem, dass sie vieles von dem, was ihr Mann ihr früher abgenommen hatte – Behördengänge, Verhandeln mit der Werkstatt, Warenumtausch u. a. – künftig selber bewältigen muss. „Wenn ich gewusst hätte, was da auf mich zukommt", denkt sie manchmal.

• Und schließlich tauchen *Widerstände* auf, die *aus der Tiefe* ihrer Seele zu kommen scheinen, vorwurfsvoll klingen und Zweifel in ihr nähren: „Bin ich nicht zu egoistisch?" Und: „Ich bin wohl auf dem Ego-trip." Solche Sätze – sog. „Glaubenssätze" – hat sie oft von Eltern und Geschwistern hören müssen. – Auch ein tief sitzendes, kaum definier-bares Unbehagen kommt hinzu, so als ob ihre Eltern missbilligend auf sie wie auf ein „böses" Mädchen blickten, auf sie, die sich doch immer so bemüht hatte, ein „braves" Kind zu sein. Auch jetzt tauchen immer wieder Ängste auf, man könne sie als selbstbewusste Person nicht mehr mögen. – Noch etwas spürt sie ganz vage: Würde ihre längst verstorbene Lieblingstante Maria, deren Namen sie trägt und der sie im Naturell äh-nelt, nicht traurig den Kopf schütteln, wenn sie mitbekäme, wie sie – Frau B – sich verändert? Ähnlich wie sie selbst, war Tante Maria auch das älteste Mädchen, das sich viel um ihre Brüder kümmern musste.

All das erschwert es, beim Lernen von Neuem flott voranzu-kommen. Sollte man deshalb erst eine langjährige Psychothera-pie ins Auge fassen, bevor man sich an die Lernaufgabe macht? Oder der alten Volksweisheit folgen, die empfiehlt: *Probieren geht über Studieren.*

Ich meine, in vielen Fällen kann man durchaus gleich mit ei-nem klug geplanten und dosierten Üben beginnen.

Sobald aber Blockaden auftauchen, dürfte man sie nicht weg-schieben oder gar brechen wollen. Alles, was bekämpft wird, gibt auf Dauer nicht wirklich Ruhe. Es gilt innezuhalten, mit den Widerständen Kontakt aufzunehmen und – eventuell mit psy-chologischer Hilfe – eine Zeit lang geduldig an ihrer Auflösung zu arbeiten, bis man wieder alleine weiterüben kann.

*Konkrete Anregungen für die einzelnen Schritte:*

*1. Mit **Gegenwind** fertig werden:*
Neues Verhalten übt man sinnvollerweise in einem „Schon-klima" ein, d. h. dort, wo man relativ gefahrlos und deshalb angstfrei neue Erfahrungen gewinnen kann. Das können Übungs-gruppen oder eingeweihte Freunde sein.
Frau B probiert selbstbewusstes Auftreten in Geschäften aus. In ihrer Stammbäckerei etwa sagte sie vor kurzem zur Verkäuferin: „Ich hätte

gerne die drei knusprigen Hörnchen in der linken Ecke dort, ja, die da, genau, danke." Und es klappte gut. Sie bekam genau das, was sie wollte und alle waren sehr freundlich zu ihr.

Allerdings sollte sich hinter den vordergründigen Formulierungen, etwa einer Ich-Botschaft, langsam die dazugehörige *Energie* aufbauen, in Fleisch und Blut übergehen.

Frau B achtet beim Äußern ihres Kaufwunsches darauf, tief zu atmen, die Verkäuferin direkt anzublicken, aufrecht und locker dazustehen und unter ihren Füßen den Boden intensiv zu spüren. Zunehmend kann sie so zu dem *„stehen"*, was sie sagt. Formulierung und Körpersprache stimmen immer mehr überein. Ihr Reden wirkt nun echt.

Reagiert jetzt noch die *Umwelt positiv* auf die neue Art aufzutreten, ermutigt das ungemein. Man kann sogar Spaß daran finden und richtig auf den Geschmack kommen: „Das fühlt sich ja gar nicht schlecht an!" So wächst allmählich ein neues *Lebensgefühl.*

Frau B entdeckt, dass ihre neue selbstbewusstere Art, Wünsche zu äußern, nicht verbissen wirken muss, sondern sich gut mit Humor verbinden lässt, etwa so, wenn sie in ihrer Bäckerei mit charmantem Lächeln meint: „Mit diesen drei Hörnchen können Sie mich glücklich machen" und alles in fröhliches Gelächter ausbricht. Mittlerweile wird ihr das Gebäck ganz selbstverständlich reserviert und in einer heiteren Atmosphäre überreicht. Mit ihrem neuen Verhalten – anders als mit ihrem früheren schüchternen, verbiestert wirkenden Auftreten – scheint sie überall gut anzukommen. – Zusätzlich zu ihrem Übungsprogramm untermauert sie dieses neue Lebensgefühl durch sportliche Aktivitäten.

Was den *Partner* betrifft: Auch wenn der dem Vorhaben grundsätzlich positiv gegenübersteht, kann er doch zwiespältig sein. Dann sollte das immer wieder besprochen werden. Der Lernende kann sich noch besser verständlich machen und dem Partner Gelegenheit geben, über seine Bedenken zu reden.

### 2. Eigene **Motivation** und 3. Eigenes **Schwanken**:

Im *Selbstgespräch* kann man sich immer wieder liebevoll mit eigener Zwiespältigkeit auseinander setzen und sich motivieren, weiter zu arbeiten (vgl. S. 162 ff.).

Frau B orientiert sich zum einen an ihrer Freundin. Dann malt sie sich immer wieder aufgrund der bereits gemachten Erfahrungen die Zukunft aus, nicht ohne mit auftauchenden Ängsten und Zweifeln geduldig umzugehen.

## 4. Widerstände aus der Tiefe:

Wie geschickt man sich auch motiviert und seine Lernschritte dosiert: Es können trotzdem massive Widerstände auftauchen, die einen Bezug zur eigenen Kindheit haben. Dies wäre erst einmal aufzudecken und zu verstehen, warum man als Kind diese Überlebensstrategie brauchte. Therapeutische Hilfestellung ist sinnvoll.

Frau B müsste als erstes begreifen, dass ein „braves", angepasstes Kind zu sein in der Kindheit ihre einzig mögliche Lebensstrategie war. Insofern ist der entsprechende Widerstand gegen Neues eine gut gemeinte Schutzmaßnahme ihres Unbewussten. Statt dagegen anzukämpfen, sollte sie dieser blockierenden Seite in ihr verständlich machen, dass sie jetzt unter veränderten Lebensbedingungen andere Strategien braucht. Würdigt sie so ihr altes Verhalten, um sich dann aber auch deutlich davon zu verabschieden und Neues einzuleiten, wird der Widerstand nachlassen.

Herr X, der *Fairness* lernen will: Als Kind orientierte er sich früh am Verhalten seines aggressiven Vaters, dessen Wahlspruch „Biegen oder Brechen" er übernahm. Mit forschem Auftreten konnte er als Kind tief sitzende Unsicherheit überspielen. Doch das war damals. Jetzt sollte er dieses Muster in Frage stellen.

**Therapeutische Arbeit** bezieht sich im Einzelnen auf:
– Aufarbeiten blockierender *Gefühle*, wie Ängste.
  – Frau B's Angst, von Verwandten nicht mehr gemocht zu werden.
  – Herrn X's Angst, zu kurz zu kommen, wenn er nicht schneller ist als seine Konkurrenten. Ferner: Tief sitzende Unsicherheit, Selbstzweifel, die er normalerweise durch forsches Auftreten kaschiert.

– Ersatz einschränkender *Glaubenssätze* durch befreiende.
  – Bei Frau B: Statt:„Wenn ich Wünsche äußere, bin ich ‚egoistisch'" jetzt: „Ich bin in Ordnung, wenn ich meine *Wünsche* äußere."
  – Bei Herrn X: Statt: „Entweder ich oder der andere" jetzt: „Es ist Platz für uns *beide*" und „Ich kann *auch auf faire Weise* für mich sorgen."

– *„Aufträge"* aus dem Familiensystem sind meist Erwartungen anderer Mitglieder der Familie und Verwandtschaft an ein Kind, die es auf eine Rolle festlegen. Aufträge sollten entsprechend aufgelöst werden, z. B. durch Familienaufstellung oder Psycho-Kinesiologie.

Bei Frau B scheint die Tante Maria das Kind „beauftragt" zu haben, in ihre Fußstapfen zu treten: ihren Namen tragen und ihre Rolle als verantwortungsvolles und bescheidenes ältestes Mädchen weiterspielen.

– *Ablösung von den Eltern*: Um wirklich frei für einen neuen Weg zu werden, müsste man sich – therapeutisch begleitet – nochmals mit seinen Eltern konfrontieren, ihr Wirken verstehen lernen und würdigen, sich mit dem Negativen versöhnen und schließlich Abschied nehmen.

  – Frau B: Ablösung von der Mutter, ihrem Modell für Bescheidenheit.
  – Herr X: Ablösung vom Vater, dem Modell für Rücksichtslosigkeit.

### Übersicht über die Schritte beim Einüben neuen Verhaltens

- **1. Gegenwind von Umwelt und Partner**
  *Sinnvolle Reaktion:*
  – Kluges dosiertes Einüben im Schonklima.
  – Eventuell Gespräche
- **2. Motivation:** Orientiert an Modell, Unterstützung durch andere – Erfolgserlebnisse
- **3. Eigenes Schwanken – Zwiespältigkeit**
  – Welcher Preis ist zu zahlen? Konsequenzen.
  *Vorgehen:* Liebevoller innerer Dialog
- **4. Widerstände aus der Tiefe**
  – Blockierende Gefühle aus der Kindheit.
  – Einschränkende Glaubenssätze.
  – Einengende „Aufträge" aus dem Familiensystem.
  – Fehlende Ablösung von den Eltern.
  *Sinnvolles Vorgehen:*
  Möglichst im Rahmen von Beratung oder Therapie: Arbeit mit Gefühlen, Glaubenssätzen, Aufträgen, ungesunder Bindung an Eltern u. a.

Alles hat seine Stunde. Für jedes Geschehen
unter dem Himmel gibt es eine bestimmte Zeit.
*Altes Testament*

## D) Laufen lassen oder erzwingen?
## Wechsel von direktem und indirektem Handeln

Manche Menschen gehen fatalistisch durchs Leben, indem sie
ihr Schicksal höheren Mächten anvertrauen. Einem Korken
gleich treiben sie auf den Wellen des Lebens.

Andere, eher Faust'sche Naturen, verstehen das Leben als Aufgabe und göttliches Versprechen:
*Wer immer strebend sich bemüht, den können wir erlösen.*

Auf einem solchen aktiven Lebensweg ist natürlich auch Platz
für passive Augenblicke, dafür, einfach zu *sein*, ohne ständig etwas leisten zu müssen.

Aber insofern man ein Ziel vor Augen hat – **aktiv** unterwegs
ist –, stehen zwei unterschiedliche Strategien zur Wahl:

● **Direktes** Zugehen auf das Ziel – auch **Yang** genannt.

Motto: Je mehr ich mich anstrenge, desto schneller komme
ich dort hin

  – Je schneller ich laufe, desto sicherer erreiche ich den Zug.
  – Je mehr ich den Partner unterstütze, desto besser geht es uns.

● **Indirektes** Verfolgen des Ziels – auch **Yin** genannt.

Manche Lebenssituationen erfordern Geduld:

Variante 1) Zunächst den augenblicklichen „*Ist-Zustand*" *verstehen und annehmen*, bevor man sich auf den Weg in Richtung „Soll-Zustand" (Ziel) macht. Also sich vorbereiten, sich
sammeln, sich Zeit nehmen für einen inneren Dialog mit
den eigenen zögerlichen oder ängstlichen Seiten (liebevolle
Selbstdisziplin): Statt loszustürzen, sollte man bedenken:
*Jede gute Bewegung beginnt mit einer Gegenbewegung.*

  – Asthmatiker lernen: Erst wenn sie völlig ausatmen, kann wieder
    neu frische Luft in ihre Lungen strömen.
  – Beim Lernen neuen Gesprächsverhaltens: Erst: Warum getraue
    ich mich nicht, offen zu sagen, was ich will? Dann: Wie wär's ein
    bisschen offener, ein wenig deutlicher?

Variante 2) *Pausen* zwischendurch: *Weniger kann mehr sein.*
Beispiel: Zwischendurch getrennte Wege bei gemeinsamen Aktionen.

Variante 3) „Wenn du's eilig hast, mach einen *Umweg!*"
Beispiel: Bei Sachgesprächen immer wieder überprüfen, ob eine Störung vorliegt und gegebenenfalls diese beseitigen. (Vgl. S. 119 f)

Variante 4) *Aufgeben*: An einem bestimmten Punkt erkennen, dass das Ziel direkt nicht erreichbar ist.
– *Alltagsbeispiel:* Ein entfallenes Wort kann man nicht mit Gewalt erinnern.
– *In Beziehungen*: Einen Partner, der Abstand braucht, kann ich nicht zu Nähe zwingen. Akzeptiere ich das, dann kann er nach einiger Zeit von sich aus wieder auf mich zugehen.

Die genannten Yin-Strategien wechseln sich mit direktem Yang-Vorgehen ab. Es gilt ein Gespür dafür zu entwickeln, wann welches Vorgehen zum Ziel führt.

Grundsätzlich spricht der Taoismus von einem harmonischen Wechselspiel zwischen Yin und Yang.

Das eine strebt dem Höhepunkt zu, erschöpft sich allmählich und wird dann durch das andere abgelöst, und so immer weiter, ähnlich wie Wellenberg und Wellental ständig ineinander übergehen.

Doch was – etwa bei schwierigen Entscheidungs- oder Trennungsprozessen – tröstlich ist: Es handelt sich keineswegs um ein bloßes Auf und Ab. Denn jede Welle hat auch eine Richtung, läuft auf etwas zu. So sind die Wellentäler nur scheinbar Rückschläge, in Wahrheit aber Episoden auf dem Weg zum Ziel. Ähnlich auch, wie man auf einer Serpentinenstraße zwar immer wieder die kalte Nordseite eines Berges durchläuft, sich aber spiralenartig nach oben schraubt in Richtung Gipfel.

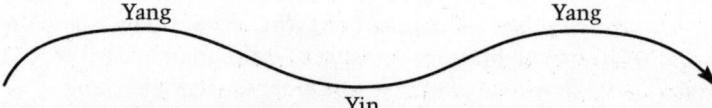

Yang          Yang

Yin

Am schönsten Strand von Gomera ertrinken jedes Jahr mehrere Menschen, zum Teil erfahrene Schwimmer: Ein Fischer klärte mich auf: Diese Leute sterben nur deshalb, weil sie ihre Kraft falsch einsetzen. Die ersten fünfzig Meter sollte man immer etwas gegen die leicht ablandige Strömung anschwimmen, um nicht zu weit aufs Meer hinaus zu geraten

(Yang, d. h. Schwimmen in Richtung Strand). Hat man das übersehen, wird die Strömung so stark, dass man nicht mehr dagegen ankommt. Hier ertrinken viele, aber nicht wegen der Strömung, sondern weil sie die Realität nicht akzeptieren und dagegen ankämpfen. Würden sie sich mit der Strömung verbünden, sich ihr anfangs fügen (Yin), um dann allmählich seitwärts in einem Bogen zurück zu einem Nachbarstrand zu schwimmen (Yang), wäre ihr Leben zu keinem Zeitpunkt in Gefahr.

Ganz ähnlich kommt es auch in *Partnerbeziehungen* nur deshalb zu Problemen und sogar zum Scheitern, weil man in einer bestimmten Situation Schwierigkeiten ungeschickt oder sogar völlig falsch angeht.

• Dort, wo einer aktiv und direkt etwas für die Beziehung tun sollte – im Anfangsstadium einer Krise –, lässt er es schleifen: kein engagiertes faires Teamverhalten, kein regelmäßiges Pflegen der Nähe durch Gespräche u. ä. (Das nötige Yang wird nicht geleistet.)

• Dann jedoch, wenn der Partner Abstand braucht – etwa im Aufschauklungszustand einer Krise – und deshalb Loslassen angesagt wäre (Yin), versucht man mit Gewalt alles Versäumte nachzuholen und dem andern Nähe aufzudrängen (zerstörerisches Yang).

Hier haben wir es mit der dramatischen und schwierigsten Variante des Yin zu tun. Das Einzige, was hier noch eine geringe Chance – ohne Garantie – bietet, ist ehrliches, totales Loslassen, so wie Ringelnatz es beschreibt:

> „Lernst es endlich,
> dich zu fügen, von den Sorgen gezähmt (…)
> Und auf einmal –: steht es neben dir, an dich gelehnt –
> Was? Das, was du so lang ersehnt."[46]

Aufs Ganze bezogen lässt sich feststellen:
Das Gelingen einer Partnerbeziehung erfordert:
• Intensives **direktes** Engagement (Yang)
• Intensives Eigenleben, im Großen wie im Kleinen,
das **indirekt** segensreich für die Beziehung ist (Yin).
Vor allem aber: Im richtigen Augenblick das Passende.

Was insgesamt für die Partnerbeziehung gilt –Yin und Yang im Wechsel –, will auch in ganz konkreten Alltagssituationen gelebt sein: Drei Beispiele dafür:

1) Dem anderen sein Leid erzählen
2) Freudiges mitteilen
3) Diskussion:

| Thema | *Yang* | *Yin* |
|---|---|---|
| 1) Der Partner *will mit mir sein LEID teilen. (Vgl. S. 141 ff.)* | • *Zwiegespräch vereinbaren* <br> • *Aktives Zuhören = Nachfragen* <br> • *Rückmeldungen* | • *Ruhiges Zuhören, den andern aushalten.* <br> • *Auf Bewertung verzichten.* <br> • *Keine unerbetenen Ratschläge.* |
| 2) Der Partner will seine *FREUDE mit mir teilen. (Vgl. S. 138 ff.)* | • *Später eigenes Erleben dazu legen.* <br> • *Evtl. später gemeinsame Aktion organisieren.* | • *Stilles Mitschwingen.* <br> • *Bei gemeinsamen Aktionen auch schweigen.* <br> • *Zeitweise Trennung (Weniger ist mehr).* |
| 3) DISKUSSION bzw. sachliches GESPRÄCH *(Vgl. S. 118 ff.)* | • *Eigenen Standpunkt klar schildern. – Auch analysieren, Konsequenzen durchspielen.* | • *Pausen, wenn Störung.* <br> • *Achtsames Zuhören, wenn der andere spricht.* <br> • *Ausreden lassen.* <br> • *Antworten nicht vorbereiten.* <br> • *Gefühle äußern im Zusammenhang mit Thema.* |

Nicht selten versucht jemand, fälliges Loslassen dem Partner nur *vorzutäuschen*.

Die Geschichte mit dem Esel ist bekannt: Verzweifelt versucht ein Bauer, das störrische Tier am Halfter in den Stall zu ziehen. Da kommt ihm die rettende Idee. Er greift an den Schwanz und zieht daran. Und wie eine Rakete schießt das Tier in den Stall hinein.

Solche Manöver werden jedoch schnell durchschaut. Sehr bald merkt man, dass das Verhalten des anderen nur gespielt ist und man sozusagen zum „Esel" gemacht wird.

*Sie* stellt die Beziehung ernsthaft in Frage. *Er* versucht jetzt auf einmal um ihre Gefühle zu „kämpfen", bringt Blumen, führt stundenlange Gespräche, alles das, was früher hoch erwünscht gewesen wäre, jetzt aber nur abstößt. Gerade noch rechtzeitig – vor dem völligen Kollaps ihrer Gefühle – reißt *er* sich zusammen, hält sich zurück, fährt weg und täuscht Desinteresse vor. Trickhaft – um sie eifersüchtig zu machen – lässt er eine Kollegin bei ihr zu Hause anrufen, um vorzutäuschen, er habe eine Freundin. Doch sie merkt sehr bald, dass er nicht ernsthaft loslässt, sondern dies nur vorspielt, gewissermaßen aus den Augenwinkeln heraus danach schielt, ob sie sich ihm wieder zuwende. – *Kommentar*: Wenn der Mann nicht ernsthaft Trauerarbeit leistet, eigene Wege geht und das Taktieren sein lässt, werden sich die Gefühle der Frau nie erholen können.

Wir haben keine andere Wahl, als die *Gesetze des Lebens und Zusammenlebens zu erkennen und zu respektieren:*

– **Zupacken** dort, wo es gilt, die Ärmel hochzukrempeln und für das Gelingen der Beziehung etwas zu tun.

– **Loslassen** in ehrlicher Weise dann, wenn direktes Handeln zum „Erzwingen" wird. Gefühle eines Menschen lassen sich – ähnlich wie Schmetterlinge – nicht „in den Griff kriegen". Sonst kommt es zu diesem Ergebnis: *Operation gelungen, Patient tot.*

So können wir auf Dauer nicht *gegen* die Strömung ankämpfen, sondern müssten uns klug mit ihr verbünden, um zu überleben.

Insgesamt aber bietet sich doch auch eine hoffnungsvolle Perspektive: Wir dürfen uns durchaus Ziele setzen, uns auf sie freuen, ohne sie jedoch verbissen zu verfolgen. Eine dynamische Variante des Buddhismus, der japanischen „Budo-Zen", drückt es so aus: *Liebe zum Ideal, aber – auch – Mut zur Unvollkommenheit.*

Unvollkommenheit ist der Preis für das schöne Ziel. Zum einen: Intensives Yang im Sinne von *sich anstrengen.*

Zum andern: Von Fall zu Fall eine der Yin-Varianten: *Langsames Losgehen, Pausen, Umwege oder gar Aufgabe des Ziels.*

## E) Sind wir unseres Glückes Schmied?
## Möglichkeiten und Grenzen der Veränderung

Sollen wir darauf hoffen, Glück zu *haben* in der Paarbeziehung?
Oder: Können wir unser Glück selbst *schmieden?*

Folgende Unterscheidung scheint mir sinnvoll:

**Scheinprobleme:**
Ein Großteil der Probleme, mit denen Paare sich herumschlagen,
sind hausgemacht.

Sinnvoller und unsinniger Umgang mit Schwierigkeiten

| Normalzustand | Schwierigkeit | Problem | Katastrophe |

gut gehandhabt     schlecht gehandhabt

Zweifellos: Das Leben bietet einige *Schwierigkeiten.* In vielen
Fällen würden diese sich jedoch in Wohlgefallen auflösen, wenn
wir nur halbwegs geschickt damit umgingen. Doch wir laufen
Gefahr, manche Mücken in Elefanten zu verwandeln und durch
Ungeschick aus einer Schwierigkeit ein *Problem*, wenn nicht
sogar eine *Katastrophe* werden zu lassen.

Im Normalfall bedeutet ein bei Glatteis schleuderndes Auto eine
ziemliche Schwierigkeit. Würde ich aber – vielleicht geschult in speziel-
len Sicherheitstrainings – richtig reagieren, hätte ich eine gute Chance,
unbeschadet weiterfahren zu können. Ich sollte nur nicht in Panikstimmung bremsen, sondern gegenlenken und – je nach Autotyp – dosiert
beschleunigen. So würde es weder zu einem Problem (Verlust der Kontrolle) noch zu einer Katastrophe (an den Baum fahren) kommen.

In Partnerbeziehungen:
• Von draußen mitgebrachte Spannung wird unnötigerweise in die
Beziehung hineingetragen. • Die falsche Strategie wird gewählt, wie
Ratschläge zur Unzeit, statt lediglich zuzuhören. • Nicht rechtzeitiges
Aufhören mit gemeinsamen Erlebnissen. • Analysieren statt seine Ge-
fühle mitzuteilen. • Heilloses Zerreden von Stimmungen ...

In der Eheberatung erlebe ich ständig, dass Klienten von solchen Ideen sehr angetan sind und sich deshalb vornehmen,

künftig in schwierigen Situationen anders zu reagieren, um dann zwei Wochen später zu berichten: „Es hat sich nichts geändert." Doch Veränderungen fallen nicht vom Himmel. Über den Vorsatz hinaus muss ich sie auch tatsächlich in Gang setzen. Gerade Drucksituationen, die kein langes Nachdenken erlauben – beim schleudernden Auto genauso wie bei einem Streit –, sind nur zu bewältigen, wenn man vorher die erforderliche Kommunikation intensiv eingeübt hatte, um sie jetzt schnell und perfekt anwenden zu können.

**Echte Probleme** bestehen dort, wo trotz geschickten Vorgehens Grenzen für eine Lösung vorgegeben sind.

- Ein Partner ist *nicht bereit, sich weiterzuentwickeln*. Dann ist auch der Lernwillige auf seinem eigenen Weg blockiert und gemeinsame Entwicklung erst recht nicht möglich.
- Klaffen *Wertewelt und Lebensgefühl* weit auseinander, hat man sich nicht viel zu sagen. Keiner kann so sein, wie er ist, weil man sich gegenseitig blockiert. Die Energie stockt.
- Trotz größter Motivation komme ich mit meinem Lernprogramm nicht weiter, weil massive unbewusste *Kindheitserfahrungen* blockieren, welche sich nicht von alleine auflösen.

Trotzdem möchte ich kein vorschnelles Urteil fällen. In den langen Jahren meiner Beratertätigkeit erlebte ich oft ziemliche Überraschungen. Bis zu einem gewissen – leider nicht vorhersagbaren – Grad können Partner trotz ungünstiger Ausgangsbedingungen durch beharrliche und kluge Arbeit recht weit kommen. Und umgekehrt verschleudern andere Paare ausreichendes Beziehungskapital und lassen gute Chancen ungenutzt, indem sie ihre Beziehung verkommen lassen.

Ein reifer Weg wäre: Zeit und Kraft investieren, um *auszuloten*, wie viel an Entwicklung und befriedigendem Alltagsleben möglich ist. Herauszufinden versuchen, was geht und was nicht.

So können sich Ergebnisse einstellen, die man vorher nicht für möglich gehalten hätte. Auch wenn es hoch gegriffen scheint, hier von *Gnade* zu sprechen, kann es sein, dass man „(...) das Gefühl nicht los wird, bei aller Anstrengung und bei allem Engagement falle einem das Gelingen der Beziehung letztlich als Geschenk zu".[47]

Nutzen wir also unsere Talente, statt sie zu vergraben. Etwas hemdsärmeliger ausgedrückt: Machen wir in Sachen Liebe und Partnerschaft unseren Job: Beziehungskunst erlernen und anwenden.

Dann ist nicht auszuschließen, dass das sprichwörtliche „Glück" ein Einsehen hat und sich auf unsere Seite schlägt, auf die Seite des **„Tüchtigen"**.

# IX. Das Handwerkszeug der Beziehungskunst

## A) Reden, aber wie?

### 1. In der Kürze liegt die Würze – Botschaften senden und empfangen

Man kann *zu wenig* reden, aber auch *zu viel*. Man kann jahrelang schweigend nebeneinanderher leben oder ebensolange geschwätzig und nichtssagend aneinander vorbei leben und -reden.

Was zählt: so sprechen, dass die gewünschte Botschaft beim Empfänger genau in der Weise ankommt, wie sie gedacht war. Wer in diesem Sinne „gut" redet, kann sich durchaus kurz fassen.

Zu bedenken ist: Kommunikation findet gleichzeitig auf *mehreren* Ebenen statt, ohne dass sich die Betreffenden dessen immer bewusst sind.

Misslingt bereits der Beginn des Gesprächs, landen beide unweigerlich in einer Sackgasse. Der erste Schritt auf einem Weg entscheidet bereits über die Richtung, bedeutet eine Art Weichenstellung.

Ich möchte dies anhand einer Alltagssituation beschreiben: A (Er) will etwas von B (Sie). Raten *Sie* bitte selbst, was.

Variante *1: Missverständliche* Kommunikation
   A (in gereiztem Ton) zu B (die morgen vormittags mit dem Auto unterwegs ist): „Wie lange bleibst du eigentlich morgen weg?"
   B (misstrauisch dreinblickend) „Warum fragst du?"
   A (ungeduldig) „Ich werde doch noch fragen dürfen. Das Auto gehört schließlich mir genauso."
   B (denkt sich: Ob es ihm nicht passt, dass ich bei meiner Freundin bin?) In aggressivem Ton: „Ich entscheide selbst, mit wem und wie lange ich morgen Vormittag zusammen bin. Dass das klar ist!"
   A: „Was fängst du schon wieder zu streiten an." Und so ewig weiter.

Falls *Sie* noch im Dunkeln tappen, worum es hier überhaupt geht: A braucht ganz einfach morgen Mittag das Auto wegen einer dringenden Dienstbesprechung. Sonst nichts.

A startet einen neuen, diesmal geschickteren Versuch:
Variante 2: *Gelungene* Kommunikation

| | **A** ist SENDER der Botschaft | **B** ist EMPFÄNGER |
|---|---|---|
| **1. Thema**<br>= Auto um<br>12 Uhr + **Wunsch**<br>an Partner | A: „Ich bräuchte wegen einer Besprechung morgen dringend das Auto, spätestens um 12 Uhr. Geht das von dir her? Bitte mit ausreichend Benzin im Tank." | B weiß, woran sie ist, da Botschaft offen und eindeutig. |
| **2. Stil**<br>(Wortwahl und Ton) | Höflich als Bitte formuliert. Im Ton zwar etwas angespannt, was aber von A erklärt wird: | B fühlt sich fair behandelt. |
| **3. Befindlichkeit** | „Ich bin so gereizt, weil ich Kopfweh habe. Mit dir hat es nichts zu tun." | Mimik und Tonfall bezieht sie nicht auf sich |

Erläuterungen:
1. **Thema:** Der Sender hat ein *Bedürfnis*, verbunden mit einem Anliegen an den Partner (*Wunsch*).
   In Variante 1: Eine Frage, die keinerlei Aufschluss darüber gibt.
   In Variante 2: Offen und eindeutig: „Auto, 12 Uhr, Benzin …"

2. **Stil:** *Wortwahl* und *Ton* bestimmen zusammen, wie jeder sich vom anderen „behandelt" fühlt: von oben herab, unterwürfig von unten her oder partnerschaftlich auf der gleichen Ebene. Die Psychologie spricht vom „Beziehungsaspekt" (vgl. S. 117 ff.).
   Variante 1: A ist autoritär.
   Variante 2: A ist höflich, partnerschaftlich.

3. **Befindlichkeit:** A ist wegen seiner Kopfschmerzen gereizt.
   In Variante 1 fasst B dies als gegen sie gerichtet auf. Da sie das Anliegen von A nicht versteht, liest sie in seine Frage und in den gereizten Ton hinein, er sei gegen ihren Besuch bei der Freundin.
   In Variante 2 ist alles klar: A's gereizter Ton ist ausschließlich Ausdruck von Kopfschmerzen und nicht etwa von Ärger.

> Zusammenfassend: Eine Botschaft sollte
> - **offen und eindeutig die Sache** – das Thema – benennen,
> - im **Stil partnerschaftlich** sein,
> - **Informationen über die Befindlichkeit des Senders** enthalten, um dem Empfänger Fehldeutungen zu ersparen.

Darüber hinaus sind noch andere Missverständnisse denkbar.

- **„Beziehungssprache"** der *Frauen* oder **„Aktionssprache"** der *Männer?*
  Eine Frau zu ihrem Mann: „Mich plagen Magenschmerzen."
  Was in der *„Beziehungssprache"* einer Frau etwa bedeutet:
  „Mir geht's nicht gut, hast du etwas Zeit für mich?"
  Ihr männlicher Partner spricht jedoch eine Art *„Aktions-"* oder *„Statussprache"* und fasst diesen Satz auf als Bitte um einen Lösungsvorschlag. Folglich empfiehlt er: „Probier doch mal die XY-Tabletten, die haben mir kürzlich geholfen."

- **„Erst denken …"** oder **„Erst reden …?"**
  Zweierlei Sprachen sprechen Partner auch dann, wenn sie von unterschiedlichem Naturell sind:
  Ein *Introvertierter* will erst ausführlich nachdenken, bevor er handelt. Umgekehrt wird ein *Extravertierter* eher nach dem Grundsatz *„Erst reden und dann denken"* verfahren.

A und B auf einer Möbelmesse. Vor einem ausgestellten Schreibtisch ruft A spontan aus: „Den kaufe ich mir", worauf B angesichts des stolzen Preises beinahe in Ohnmacht fällt: „Der ist doch viel zu teuer, und außerdem hast du schon einen." B fasst nämlich – entsprechend ihrer eigenen Art, sich vor Kaufentscheidungen erst eine Menge Gedanken zu machen – A's Äußerung als Kaufentschluss auf. Der jedoch meint seinen Satz ganz anders, eher im Sinne von: „Der gefällt mir, sowas würde gut in das Arbeitszimmer passen." Überlegungen, ob der Kauf überhaupt nötig und wenn ja, ob der Preis akzeptabel sei, kommen erst später. Was ihm meist den Vorwurf einbringt, unausgegorenes Zeug von sich zu geben. Dabei ist es nur *seine* Sprache: spontan und *laut* zu fühlen und dann allmählich Erwägungen anzustellen, bevor eine Entscheidung getroffen wird.

*Redet man effektiv, braucht man nicht viel zu reden.*

> Die wirkliche Brücke, die es den Partnern ermöglicht,
> sich gegenseitig zu kennen, zu lieben und eine innige und
> dauerhafte Beziehung herzustellen, ist und bleibt die
> **wörtliche** Kommunikation.[48]  *N. u. G. O'Neill*

## 2. Wozu das Reden dient – verschiedene Gesprächstypen

**Funktionieren** sollte eine Beziehung im Alltag einigermaßen. Dazu braucht es das Gespräch.

– *Gegenseitige Abstimmung*: Das trägt zum reibungslosen Ablauf des Alltagslebens bei. Zum *Aushandeln* kommt es, wenn unterschiedliche Vorstellungen aufeinander treffen. Kompromisse sind häufig als Lösung geeignet.

– *Klärungsgespräche* dienen dem besseren Verstehen von Ursachen, Motiven oder Konsequenzen eines Handelns. Wie kam es zu dem Wassereinbruch? Warum ist der Nachbar so unfreundlich? Was wäre langfristig zu erwarten, wenn …?

– *Rückmeldungen* vom Partner helfen, blinde Flecken aufzuspüren und mehr über sich zu erfahren.

– *Beziehungsgespräche* veranlassen dazu, das Zusammenleben zu überprüfen: Wo stehen wir gerade? Was sind unsere Stärken, unsere Schwächen? Was ist aus dem Anfang der Beziehung geworden? Welche Rollen spielt jeder? Wie sieht es mit den Themen Team, Freundschaft, Wertegemeinschaft, Erotik und Sexualität aus?

Dabei gilt es höllisch aufzupassen, dass man sich nicht ständig gegenseitig *interpretiert, analysiert. bewertet*, sog. *„Beziehungskisten"* schafft, sondern ganz bei *seiner eigenen Sicht* bleibt:

– Statt einer Interpretation, wie: „Du hast zwanghafte Züge" besser eine *Ich*-Botschaft: „Mir ist Ordnung nicht so wichtig wie dir."
– Statt zu analysieren, wie „Du bist genauso jähzornig wie dein Vater" besser bei seinen eigenen Gefühlen bleiben: „Ich krieg manchmal Angst vor dir."

Tauscht man sich in solch fairer Weise darüber aus, wie man einander sieht und erlebt, entsteht ein Klima, in dem jeder bereit ist, an sich und an der Beziehung zu arbeiten. Eine Hand wäscht auch hier die andere.

Alle diese Gesprächsvarianten laufen letztlich darauf hinaus, *Handeln vorzubereiten*: Ausgehandeltes soll in die Tat umgesetzt, ein erkannter Fehler abgebaut, ein fälliger Entwicklungsschritt vollzogen werden.

*Es gibt nichts Gutes, außer man tut es.*

**Reden ist bereits Tun** – für sich wertvoll und ausreichend –, wenn man dem anderen etwas Wichtiges vermittelt, ohne dass noch irgend etwas Weiteres zu tun wäre.

– Den *Namen* des Partners aussprechen – zärtlich oder streng –, kann eine wichtige Information sein, im Sinne von „Ich mag dich" oder auch „Ich finde das nicht gut!"

– Seine *Wünsche, Fantasien, Sehnsüchte, Gefühle* – leidvolle und freudvolle – den Partner wissen zu lassen, drückt Vertrauen zu ihm aus und schafft Nähe und Vertrautheit.

– *Ergänzende Worte* können die oft wenig eindeutigen nonverbalen Botschaften – einen Blick, eine Berührung … – *eindeutig* werden lassen: Jetzt weiß der andere genau, wie er dran ist. Dabei aber nichts zerreden!

„Ich schau dich an, nicht kritisch, sondern weil du mir so gefällst" Oder: „Ich berühre dich, weil du dich so warm anfühlst, nicht weil ich dich anmachen möchte." Dabei aber sparsam sein und nichts zerreden!

## 3. Der Ton macht die Musik – der Umgangsstil

Ich beginne mit dem Partner zu reden, weil ich irgendein Anliegen, ein Thema habe. Wie bereits erwähnt, läuft immer gleichzeitig auch die sog. „Beziehungsebene" mit: Die **Art und Weise, wie** ich zum anderen spreche – meine Wortwahl und mein Ton –, spiegeln wider, wie ich unsere Beziehung sehe.

Wenn sich zwei bei irgendeinem unbedeutenden Thema in die Haare geraten, wundert sich jeder, warum man wegen solcher „Kleinigkeiten" streitet. Meist merkt keiner, dass es mittlerweile um etwas ganz anderes geht.

Im zuvor geschilderten Beispiel:

A und B sind nahe dran, um jede Minute zu feilschen. Muss das Auto wirklich schon um 12 Uhr zurück sein, oder reicht auch – wie B meint – nicht 12 Uhr 10? Doch nicht die zehn Minuten sind das Thema. Was B wirklich stört, ist A's Umgangston, den sie als fordernd und autoritär erlebt. Die Art , wie B sich von A behandelt fühlt, ist zum *Hauptthema* geworden

Etwas vereinfacht lassen sich beim Redenden drei verschiedene Spielarten des Umgangsstils unterscheiden:

- **von oben nach unten** – der *„autoritäre"* Stil
  *Wortwahl* : „Bring gefälligst" (Befehl u. a.)
  *Ton*: herablassend, ironisch, beschimpfend u. ä.
- **von unten nach oben** – der *„unterwürfige"* Stil
  *Wortwahl*: „Darf ich was fragen?", „Macht es dir nichts aus?" „Entschuldige bitte …"
  *Ton*: schüchterne leise Stimme u. ä.
- **auf der gleichen Ebene** – *„partnerschaftlicher"* Stil
  *Wortwahl*: „Ich brauche … " – „Könntest du bitte …" Vorschläge, Wünsche, Erwartungen , sich abstimmen …
  *Ton*: freundlich, aber bestimmt.

Beim partnerschaftlichen Umgangsstil ist immer – auch im Konfliktfall – gegenseitige Achtung spürbar. Der Gesprächspartner wird als gleichwertiger Erwachsener behandelt. Erst wenn es für beide auf dieser Ebene stimmt, kommt man auch auf der Sachebene vernünftig weiter.

## 4. Emotional oder sachlich?
## Argumente und Gefühle

*„Es könnte emotional werden"* ist der Albtraum jeder Gesprächsrunde. Was da so gefürchtet wird, hat in der Tat oft fragwürdigen Anstrich, wie: irrational, unreflektiert, unbeherrscht, gefühlsduselig, schwärmerisch, sprunghaft. Also dann um jeden Preis sachlich bleiben?

Dabei vergisst man aber, dass „emotional" *auch* warmherzig, einfühlsam, lebendig und spontan bedeuten könnte.

Zur Klärung: Ich verstehe unter **emotional** sein – ohne irgendeine Wertung – Folgendes:

- *Körperempfindungen* ausdrücken,
- *Antriebe, Bedürfnisse, Interessen u. ä.* äußern,
- *Stimmungen* wiedergeben,
- *Gefühle angenehmer wie unangenehmer Art* mitteilen.

Dort, wo zwei Partner sich *näher kommen* möchten, ist es ohnehin klar: Sie tauschen Gefühle aus oder gehen sonst gefühlhaft, liebevoll und zärtlich miteinander um. So weit, so gut!

Im Alltag aber, wo vor allem das Zusammenleben funktionieren soll, dient Reden doch wohl vor allem dazu, zu vernünftigen Ansichten, Regelungen und Lösungen zu kommen? Und das erfordert einen *klaren Verstand*, sachliches Argumentieren, Analysieren, Durchspielen von Konsequenzen, Schlüsse ziehen, Entscheidungen fällen . . .

Welcher von den in Frage kommenden Handwerkern ist der beste? Oder: Welche der Parteien kann man wählen?

Was also haben hier *Gefühle* zu suchen? Wenn es schon um eine *Sache* geht, warum dann nicht einfach „*sachlich*" bleiben? Doch wir sind – ob wir es merken oder nicht – immer auch „*emotional*", von etwas unmittelbar angetan oder abgestoßen, dem einen geneigter als dem anderen. Und den Knopf, das einfach abzustellen, gibt es glücklicherweise noch nicht.

Dabei sind zwei unterschiedliche Varianten dieser Emotionalität bei Sachgesprächen zu berücksichtigen:

1. die *augenblickliche Befindlichkeit* und
2. die *themenbezogene Hintergrundemotion*.

### Augenblickliche Befindlichkeit – das „Blitzlicht"
Mein augenblicklicher körperlicher oder seelischer Zustand kann mit dem Sachthema zusammenhängen.
- Ich kann *müde* sein, weil ich schlecht geschlafen habe. Oft aber ist es das Thema, das mich ermüdet und mir Energie raubt.
- Oder: Ich *ärgere* mich über den Ton des Gesprächspartners.

Sobald meine Befindlichkeit mich daran hindert, bei meinem sachlichen Gespräch weiterzukommen, wird sie zur *Störung*, die ich ansprechen und entschärfen sollte. Immer dann, wenn man sich bei Diskussionen ungeduldig, gereizt und besserwisserisch verhält, lässt sich vermuten, dass Emotionales im Spiel ist. Ein „Blitzlicht" ist angesagt.

---

**Das „Blitzlicht", ein segensreiches Ritual bei Gesprächen**
Eine kurze Bestandsaufnahme: Wie geht es mir, wie geht es dir?
Keinerlei Diskussionen! Hochkommende wichtige Themen könnten später extra besprochen werden.
– Am besten zu Beginn und zum Schluss eines Gesprächs.
– Auf jeden Fall dann, wenn bei einem Gespräch eine Störung auftritt.
Gegebenenfalls die Störung beseitigen. Dann wieder das Gespräch fortsetzen.

---

Bei diesem Ritual geht es vorrangig darum, dass Sachgespräche und die Zusammenarbeit störungsfrei ablaufen können. Nicht zu verwechseln mit sog. *Selbsterfahrung,* die ausschließlich der Förderung von Selbsterkenntnis dient. Wenn allerdings ein Team über längere Zeit das Blitzlicht praktiziert, wird es – gleichsam als wertvoller Nebeneffekt – nicht ausbleiben, dass die Beteiligten sich zunehmend besser kennen und verstehen lernen und sich vertrauter werden.

In meiner Zeit als Bankkaufmann habe ich zahlreiche Konferenzen erlebt, in denen man sich für die unter der Oberfläche schwelenden Emotionen keine Zeit nahm. Entsprechend unproduktiv waren solche Diskussionen denn auch, es waren „kaputte Gespräche". Gut erinnere ich mich an die Worte eines Konferenzleiters: „Wir haben eine Riesentagesordnung. Kommen wir deshalb *gleich zur Sache!*" Statt sich gerade *wegen* dieses Zeitdrucks zehn Minuten Zeit für eine Klärung der Atmosphäre zu nehmen, um dann umso effektiver weiter zu machen.

*Wenn du's eilig hast, mach einen Umweg!*
Das gilt in gleicher Weise für Partnerschaft und Familie:

Eine junge Frau unterhält sich angeregt mit ihrer Freundin, während ihr Kind im Sandkasten spielt. Auf einmal wird es quengelig, will was von der Mutter. Jetzt hat sie zwei Möglichkeiten zur Auswahl:

– YANG, d.h. mit Gewalt das Gespräch fortsetzen wollen und das Kind gewissermaßen in Schach halten. „Hör auf, spiel weiter, du kriegst auch ein Eis, wenn du brav bist." Nur – das Kind will kein Eis, sondern Aufmerksamkeit. Und so wird es immer noch nerviger.

– Oder als sinnvolle Alternative: YIN, d. h. – bezogen auf das Gespräch – eine Pause einlegen, sich liebevoll fünf Minuten dem Kind zuwenden, bis es zufriedengestellt ist, um dann sich wieder unbehelligt dem Gespräch widmen zu können.

Emotionen sind kleinen Kindern ähnlich. Auch sie lassen sich nicht einfach lieblos „abspeisen", sondern möchten beachtet und ausreichend *ernst genommen werden*. Dann geben sie Ruhe und überlassen wieder dem Verstand die Führung. Bis zum nächsten Mal.

Sich die Zeit für ein kurzes Blitzlicht zu Gesprächsbeginn und bei Bedarf (wenn Störungen auftauchen) nicht zu nehmen, wäre genauso kurzsichtig, wie wenn ein Autofahrer auf dem eiligen Weg in den Urlaub darauf verzichteten würde, vorher zu tanken und Reifendruck nebst Ölstand zu überprüfen. Allerdings braucht er sich dann nicht zu wundern, wenn er einige Zeit später mit rauchendem Motor auf der Straße liegen bleibt, ohne Chance, seinen Urlaubsort jemals zu erreichen.

## Themenbezogene Hintergrundemotionen

Häufig regen sich bei Sachgesprächen nicht nur vernünftige Argumente bei einem Thema, sondern gleichzeitig auch Emotionen wie Sympathie oder Antipathie.

Zunächst zählt, ganz sachlich: Wer ist der preiswerteste, tüchtigste Handwerker? Doch der könnte mir unsympathisch sein. Dann wird unweigerlich mein Urteil davon beeinflusst, es sei denn: Ich spreche dieses Gefühl offen an, trenne es klar von meinen Sachargumenten und entscheide dann in Ruhe, welcher Seite ich folgen will: Entweder:
– Ich mag den Mann zwar nicht, nehme ihn aber, weil er gut ist.
– Oder: Er ist zwar ein wenig teurer, aber ich kann ihn gut leiden. Dafür zahle ich gerne ein paar Euro mehr.

Darüber hinaus führt das Ansprechen von themenbezogenen Emotionen auch dazu, dass die Gesprächspartner sich gegenseitig in ihren Argumenten *besser verstehen* können. Dann wird es überflüssig, sich zu bekämpfen.

Ein Elternpaar „diskutiert" noch ganz unter dem Einfluss des Amoklaufs von Erfurt die Frage, durch welche Erziehungsmaßnahmen man so etwas bei seinen eigenen Kindern verhindern könne.
• *Unfruchtbarer Beginn:*
*A* ist der Auffassung, Kinder sollten mehr Frustrationstoleranz erwerben und deshalb auch gefordert werden.

*B* (Sie) dagegen plädiert dafür, sich mehr Zeit für Kinder zu nehmen und für eine warme Atmosphäre zu sorgen. Zunehmend geraten beide sich dabei in die Haare und fangen an, sich abzuwerten:

*Er*: „Das ist doch naiv von dir, zu meinen, mehr Reden und Singen würde den Kindern helfen, mit Lebensschwierigkeiten besser fertig zu werden." *Sie*: „Und du meinst, mit Strenge macht man Kinder fürs Leben fit? Ohne Liebe werden sie seelische Krüppel."

• *Stop. Notbremse, Neubeginn des Gesprächs nach kurzer Pause*:

Einer fängt nochmals an, diesmal mit einer *Ich-Botschaft*: „Weißt du, *ich habe einfach Angst*, was falsch zu machen in der Erziehung." Und der andere fügt hinzu: „Mir geht es ähnlich. Auch ich will meine Sache gut machen." Jetzt sitzen beide wieder im selben Boot, ziehen am selben Strang – trotz nach wie vor unterschiedlicher Erziehungsvorstellungen und Argumente. Vielleicht vertiefen sie das gegenseitige Verstehen noch weiter, indem jeder ein wenig von *Kindheitserlebnissen* erzählt, davon, welche unterschiedlichen Erfahrungen er mit Strenge und mit Liebe gemacht hat.

*Er*: „Meine Eltern hatten wenig Zeit für mich. Ich musste lernen, alleine zurecht zu kommen."

*Sie*: „Ich habe Glück gehabt und zu Hause viel Wärme erfahren."

Jetzt wird *ihm* bewusst. Davon hätte er ein wenig mehr gebraucht. Und *sie* begreift, dass ein Schuss Gefordertsein ihr nicht geschadet hätte.

*Erweiterung des Horizonts*: Beiden wird klar, dass es beides braucht: wärmende Liebe als Grundlage und fordernde Liebe als Ergänzung. Sowohl ein Halten, das Sicherheit und Geborgenheit gibt, als auch ein „Halt", das Grenzen und Orientierung vermittelt.

Auf einmal ergibt es auch *keinen Sinn mehr, sich weiter zu bekämpfen*, herausfinden zu wollen, wer Recht und wer Unrecht hat. Sie haben als gemeinsames Ziel entdeckt: klären, wieviel und wann ihre Kinder etwas von dem einen, und wann etwas von dem anderen brauchen. Aus einer verkopften, *unfruchtbaren Diskussion* ist ein gutes, *fruchtbares Gespräch* geworden. Sich über die entsprechenden Gefühle auszutauschen, bringt sie jetzt beim Ausgangsthema – in der Sache – weiter. Als Zugabe: *Sie kommen sich auch menschlich näher.*


Vielleicht wird jetzt auch ein eingefleischter Rationalist begreifen, dass wir Emotionen nicht ausklammern dürfen, allein schon deshalb nicht, um in der Sache voran zu kommen.

Aber hoffentlich wird auch deutlich: Was wirklich lebendig macht, ist, sich und den anderen in seinen Wünschen, Leidenschaften, Sehnsüchten, – auch Ängsten und Nöten – zu erfahren. Wer emotional ist, den lässt nicht alles „kalt", was rings um ihn herum geschieht.

Übrigens hat man herausgefunden, dass zu einem gelingenden Leben der Intelligenzquotient nur geringfügig – zu höchstens 20 Prozent – beiträgt. Um das Leben zu meistern, brauchen wir vielmehr eine hohe **„emotionale Intelligenz"**, die Intelligenz der Gefühle[49], was heißt: die eigenen Emotionen kennen und gut mit ihnen umgehen können. Zu wissen, was andere fühlen und das entsprechend zu berücksichtigen.

**Denken und Fühlen brauchen sich gegenseitig.**
Fühlen ohne Denken ist *blind und richtungslos.*

Denken ohne Fühlen ist *blutleer* und *kraftlos* und kann – wenn es vorhandene Gefühle übergeht – intolerant und ineffektiv werden.

*Gefühl ist nicht alles, aber alles ist nichts ohne Gefühl.*

# B) Einüben partnerschaftlichen Gesprächs im Alltag

In neun Abschnitten will ich typische Alltagssituationen und das dazu passende Gesprächsverhalten schildern. Zunächst aber einige Vorbemerkungen.

*Reden, wie einem der Schnabel gewachsen ist – echt und situationsgemäß*

Vordergründig lerne ich *Techniken* des Gesprächs, Formulierungen, die nicht selten aufgesetzt und gekünstelt klingen. Doch genau genommen geht es um eine dahinter stehende, ganz bestimmte *Einstellung zum Leben* und zum *Zusammenleben*, um den *Geist, der weht.*

Am Beispiel der sog. **Ich-Botschaft** in drei Varianten möchte ich aufzeigen, was eine solche oberflächliche Formulierung eigentlich ausdrücken will.

– *„Ich möchte das gerne ..."* – aus vollem Herzen gesagt – bedeutet, dass ich **selbstbewusst** Verantwortung für meine Bedürfnisse und Wünsche übernehme – im Alltag und in letzter Konsequenz in meinem Leben insgesamt. Im Konfliktfall gebe ich nicht automatisch klein bei, sondern raufe mich mit dem anderen zusammen. Also nicht Harmonie um jeden Preis! Was nur Sinn macht, wenn ich letztlich auf meine eigenen Lebensziele baue. Ein „starkes Ich" lässt grüßen.

– „*Ich bin unzufrieden*" oder „*Ich fürchte mich …* " dem anderen mitzuteilen, heißt im Klartext: Statt eine Fassade vor mir her zu tragen, stehe ich – mich **selbst akzeptierend** auch in der Schwäche – zu Gefühlen wie Angst, Neid und Unzufriedenheit. Das Ich wird „integrativ".

– „*Ich ärgere mich über dich*" dem anderen zu präsentieren – statt eines beschuldigenden „*Du bist gemein*" – bedeutet immerhin, dass ich **selbstkritisch** offen lasse, ob *ich selbst nicht auch* zu der erlittenen Enttäuschung beigetragen habe. War es wirklich der andere, der mich getäuscht hat, oder täuschte ich mich gar selber?

Was beim Lernen neuer Kommunikation aber unvermeidlich ist: Das alles wirkt zunächst hölzern und steif. So kann es schon geschehen, dass man bei einer schaurig gekünstelten Psycho-Sprache landet, etwa so:

Er in seiner Wut über sie: „ Also, jetzt muss ich dir ein Feedback geben. Deine Worte haben mich echt ärgerlich gemacht."

Strebe ich aber durch meine Lernversuche die genannten Grundeinstellungen an, dann dient das Einüben von Formulierungen lediglich dazu, noch besser zu der erwünschten Energie zu gelangen:

– Eine gesunde *Selbstliebe* spüren bis unter die Haut.
– An meine *Stärken glauben* und mir deshalb auch Schwachsein erlauben.
– Bei allem Ärger über den Partner doch *Achtung* vor ihm zeigen und vor der eigenen Türe kehren.

Diese *geistige* Haltung zeigt sich vorwiegend in der die Formulierungen begleitenden *körperlichen* Haltung, wie festes Auftreten, aufrechter Stand, klare und doch nicht bedrängende Art zu sprechen. Je mehr sich die Wortwahl der Ich-Botschaft mit der entsprechenden Körpersprache überlappt, desto **echter** wird und wirkt mein Reden.

Habe ich dieses sprachliche *Handwerkszeug* einmal erlernt, steht mir künftig alle *künstlerische Freiheit* zu: Die eingeübte Standardsprache darf ich jetzt so abändern, dass ich – ohne den partnerschaftlichen Geist zu verraten – wieder beinahe so reden kann, „wie mir der Schnabel gewachsen ist". Und da gibt sich halt der eine etwas vornehm – kultiviert, der andere eher etwas deftig.

Finde ich so in einem zweiten Schritt meine ganz individuelle Art zu reden, bin ich – hochtrabend formuliert – authentisch geworden.

Doch eines fehlt noch: Da ich ja nicht allein auf einer einsamen Insel lebe, sollte ich nicht nur mit mir selbst im Einklang sein, sondern auch mit der Welt um mich herum. Auf deutsch: So reden, dass es sowohl zum jeweiligen Gesprächspartner als auch zur Situation passt. Auch in dieser Hinsicht sollte mein Reden „*stimmig*"[50] sein.

Beispiele für Varianten des Themas:
*A will mit einem anderen spazieren gehen.*

– A im *Normalfall*, selbstbewusst: „Ich möchte gerne spazieren gehen und würde mich freuen, wenn du mitkämst."

– A will einen *selbstunsicheren B* nicht überfordern. Er fügt deshalb hinzu: „Überlege es dir in Ruhe. Wenn du keine Lust hast, bin ich dir nicht böse."

– A zu C, einem sehr *selbstbewussten* Freund, der sich zu wehren versteht: Mit einem kräftigen Klaps auf die Schulter: „Auf geht's, zieh' dich an, wir gehen raus in die Natur!"

Die letzte Äußerung – genau genommen zwar keine schulbuchmäßige Ich-Botschaft – entspricht jedoch nicht nur A's vitalem Naturell (echt), sondern passt auch zum unkomplizierten Verhältnis der beiden Freunde zueinander (stimmig).


Akzeptieren wir also den etwas gekünstelten Anfang beim Üben! Jeder darf ja am Ende seine ganz persönliche Sprache finden, die genau besehen weniger von einer bestimmten *Formulierung* abhängt, als vom dahinter stehenden *Geist*, dem Geist von Offensein und Ehrlichkeit, von Selbstbewusstsein und von Verantwortung für sich und ... – im Fairsein – auch für den Partner.

*Was fehlt mir noch in meiner Sammlung?*
*Jeder hat etwas anderes nachzulernen*

Ziehe ich gelegentlich Zwischenbilanz, entdecke ich unweiger-lich, bisher längst nicht alles gelernt zu haben, was ich zum Le-ben und zum Zusammenleben bräuchte. Doch was soll's! Wer kann mich daran hindern, es eben *nach*zulernen, falls mich Sehnsucht treibt. Dann nämlich ist fast alles möglich, was nicht heißt, dass es leicht wäre.

Was *ich* brauche, wird aber oft etwas anderes sein als das, was *meinem Partner* fehlt. Jeder kommt da gewissermaßen aus ei-ner anderen Ecke.

So wird von dem, was ich in den nächsten Abschnitten an Va-rianten partnerschaftlichen Gesprächs anbiete, jeder etwas an-deres benötigen.

Eine Orientierungshilfe wäre: Inwieweit müsste jemand erst im Sinne eines „Starken Ich" selbstbewusste offene Kommuni-kation lernen, oder ist sein Thema eher, zu Gefühlen und schwa-chen Seiten im Sinne eines „Integrativen Ich" stehen zu können.

Vielleicht finden Sie sich aber auch in einer der folgenden – etwas vereinfachenden –Typisierungen wieder.

*Was könnte jemand auf seinem Programmzettel finden?*
*Ein Selbstloser, Ängstlicher* braucht:
*Kräftige* Ich-Botschaften im Sinne eines offenen, aber auch konkre-ten „Ich brauche das, und zwar *so* …" – Nein-Sagen wie „Ich möchte das nicht länger." – Ärgergefühle ausdrücken.
*Ein Helfertyp:*
Statt aufdringlich zu sein: Anklopfen (vgl. S. 128 ff.). *Zuhören* statt Ratschläge zu geben! – Aber auch *konfrontieren.* – Andererseits für sich selber: Ein Schuss „gesunder" Egoismus in Form von kräftigen Ich-Bot-schaften. Nein-Sagen.
*Ein dynamischer, „aggressiver" Mensch:*
Zu deftige Ich-Botschaften im Sinne von „Ich will unbedingt …" ab-schwächen! – Ärgergefühle gemäßigt als Ich-Botschaften ausdrücken! – Zuhören statt Bewertungen und Ratschlägen! – Den anderen ausreden lassen. – Statt unbedingt recht haben zu wollen: Austausch von sub-jektiven Meinungen.
*Ein ausgeprägter Verstandesmensch:*
Statt: „Ich *denke*, Spazieren gehen wäre nicht schlecht." oder „Man sollte … " „Ich *brauche* jetzt Bewegung." – Statt „Ich *denke,* du hättest

pünktlich kommen sollen" „Ich *fühle* mich von dir schlecht behandelt, *mich ärgert* ... " – Auch freudvolle Gefühle mitteilen! – Beim Zuhören: Auf Gefühle des Partners achten und weniger auf die Inhalte. Ferner: statt Diagnosen, Analysen, Interpretationen die Äußerungen des Partners stehen lassen!

*Ein überschwänglicher Gefühlsmensch:*
Gefühlsäußerungen etwas reduzieren, nichts zerreden. – Statt „Ich habe das *Gefühl*, du wirst nicht lange in Berlin bleiben." „Ich *denke*, du wirst ..." – Wünsche konkret äußern! – Beim Zuhören: *Aktives* Zuhören, d. h. Überprüfen, ob man den anderen verstanden hat (vgl. S. 154 ff.). – Den Partner als eigenständigen Menschen wahrnehmen und nicht nur als Spiegel der eigenen Person.

Da es sich um früh geprägte Muster handelt, ist trotz starker Motivation mit unbewussten Widerständen zu rechnen. Psychologische Begleitung ist ratsam.

In den folgenden neun Abschnitten bringe ich zahlreiche Beispiele dafür, wie in typischen Alltagssituationen partnerschaftliches Miteinander-Reden aussehen könnte.

## 1. Heimkommen und kurz den Rucksack öffnen – mitgebrachte Spannung entschärfen

Situation: *Partner begegnen sich nach einiger Zeit wieder, z. B. einer kommt nach Hause. Gefahr: Mitgebrachte Spannung wird in die Beziehung hineingetragen. So machen sich beide das Leben unnötigerweise noch schwerer. Hausgemachtes Unglück!*

Wo steht geschrieben, dass es dann, wenn es jedem *Einzelnen* schlecht geht, zwangsläufig auch *beiden* miteinander schlecht gehen müsste? Im Gegenteil: Wenn zwei geschickt ihre mitgebrachte Spannung handhaben, kann sich sogar ein Gefühl von Solidarität und Zusammengehörigkeit einstellen.

Situation: *Er kommt von der Arbeit gestresst nach Hause.*
– *Variante 1*: Wortlos sucht *er* vergeblich nach dem schnurlosen Telefon. „Immer dasselbe, diese Schlamperei", poltert er los.
*Sie*: „Kaum kommst du heim, fängst du zu stänkern an", und so gibt ein Wort das andere. – *Kommentar*: Es fehlt an Information.
– *Variante 2*: *Er* beim Eintreten: „Ich bin total erschöpft. Bei der Arbeit Streit mit Kollegen, auf der Heimfahrt eine Radarkontrolle ..." –

*Sie*: „Tut mir Leid. – Ich hatte auch Ärger – mit den Kindern. Willst du einen Kaffee?" *Er*: „Danke. – Wo ist denn bloß das Telefon? Alles ist heute gegen mich." *Sie*: „Warte, ich helfe dir beim Suchen ..." *Kommentar*: Ausreichende Informationen.

Schweigsame Zeitgenossen begründen ihre Zurückhaltung oft damit, sie wollten andere nicht mit ihrem mitgebrachten Stress belasten. Doch genau dieses *Schweigen* ist es, das denen *zu schaffen macht*. Denn ohne ein Mindestmaß an Information wird die Umwelt die ja ohnehin spürbare Spannung nicht einordnen können und nicht selten auf sich münzen.

Am besten informiert jeder bei der Begegnung den Partner kurz über den Grund seiner schlechten Stimmung. Dabei wird man selbst gleich ein wenig Spannung los, während der andere jetzt weiß, woran er ist. In der Folgezeit muss keiner ein gereiztes Wort des anderen auf die Goldwaage legen, ja, jeder vermag sogar zur Beruhigung beizutragen.

Vorerst kann man es dabei belassen. Es sei denn, einer möchte *von sich aus* noch weiter ausholen und mehr über seinen Tag berichten. Dabei darf er sich aber vor einem aufdringlichen Nachbohren des Partners schützen.

„Mir ist gerade nicht danach, mehr zu sagen. Ich brauche erst ein wenig Ruhe. Später erzähl ich dir ein wenig mehr."

*Wichtig: Eine kurze Information reicht zunächst aus!*

*Dieses Ritual wirkt wie eine Art Weichenstellung. Gerät man mit den ersten Worten auf ein destruktives Geleise, ist mit Aufschaukelung zu rechnen. Schafft man es aber, durch ein wenig Information auf die Spur der Klarheit zu kommen, wird es die nächste Zeit für das Paar gut weiter laufen.*

## 2. Anklopfen, statt mit der Tür ins Haus zu fallen – sein Anliegen ankündigen

Situation: *Ich möchte etwas vom Partner (z. B. ein Gespräch, eine gemeinsam Aktion).*

*Statt eines Überfalls: Aus* **Respekt** *vor der Privatsphäre des anderen den eigenen Wunsch ankündigen! So kann der Partner*

*sich darauf einstellen und gegebenenfalls um Aufschub bitten.*
*Nur wenn für* beide *der richtige Zeitpunkt gegeben ist, kommt*
*bei dem Gespräch auch etwas Vernünftiges heraus.*

Er möchte mit ihr das Thema „Taschengeld für Kinder" besprechen.
Statt dies ausgerechnet dann zu tun, wenn sie gerade mit einem an-
brennenden Schnitzel kämpft und so zu riskieren, dass ihr Ton immer
gereizter und das Gespräch immer unproduktiver wird:
*Er*: „Ich würde gerne über's Taschengeld reden. Passt es dir jetzt?"
*Sie*: „Ich finde das Thema wichtig, würde es aber gerne auf später ver-
schieben. Vielleicht nach dem Essen, einverstanden?"
*Er*: „In Ordnung."

Das Bedürfnis nach Abgrenzung und Respektieren des eigenen
Raums – buchstäblich und im übertragenem Sinn – ist in verschiedenen Kulturen unterschiedlich ausgeprägt. Im Orient und
in südlichen Ländern würde das hier vorgeschlagene Anklopfen
nur Kopfschütteln ernten. Auch in unseren Breiten sollten Partner klären, wie *sie* es untereinander damit halten wollen.

Und was ist mit der **Spontaneität,** geht sie dabei nicht verloren? Ich meine, wir sollten unterscheiden:
– Handlungen, die vom Spontansein leben, wie eine Geste,
ein Gefühlsausbruch, ein Blumenstrauß u. ä.
– Aktionen, die sich über eine gewisse Zeit erstrecken und deshalb ausreichende *Bereitschaft beider* erfordern. Die aber gilt es
erst zu überprüfen. Gelegentliche Pannen lassen sich korrigieren:
Ich lese dem andern – etwas überfallartig und voller Begeisterung –
einen Zeitungsartikel vor. Der Partner aber ist mit Gedanken gerade
woanders. Ich bemerke es an seinem Schweigen und korrigiere: „Ich
glaube, jetzt habe ich dich überrumpelt. Tut mir Leid. Ich komme etwas später wieder."

Im Übrigen kann sich der „Überfallene" auch selber wehren:
„Einen Moment, ich bin gerade mit den Gedanken woanders. Lass
mir noch ein paar Minuten Zeit. Wenn ich mir ein paar Notizen gemacht habe, bin ich für dich da."

Noch eleganter lässt sich in solchen „Standardsituationen" ein
unsensibler Partner dadurch stoppen, dass man ein **Signal** ver-
wendet, das in einer guten Stunde *gemeinsam vereinbart* wurde. Es wirkt weniger aggressiv als Worte und ist blitzschnell
einsetzbar.

129

In der vorher geschilderten häufig vorkommenden Situation: Gerade als ich wieder zu einem „Überfall" ansetze, bedeutet mir der Partner mit einer abwehrenden *Handbewegung*, im Augenblick nicht aufnahmefähig zu sein. Sofort begreife ich und stecke zurück:„Tut mir Leid", worauf der Partner sich beeilt zu versichern: „Mich interessiert das schon, nur jetzt bin ich unter Druck. Komm' bitte in fünf Minuten noch mal."

> Heimliche Wünsche werden
> unheimlich oft nicht erfüllt.

## 3. Um den heißen Brei herumreden?
### Bedürfnisse und Wünsche offen äußern

*Unser Leben ist durch* Antriebe *verschiedenster Art bestimmt, die als* **Bedürfnisse** *erlebt werden.*

*Brauche ich etwas von einem andern, dann habe ich* **Wünsche** *an ihn. Wie werden die befriedigt?*

- *Gelegentlich bekomme ich etwas* geschenkt.
- *Vieles erreiche ich nur auf* **indirektem** *Wege, wenn ich die Weichen dafür stelle (YIN).*
- *Einiges aber kriege ich im Leben nur, wenn ich mich* **direkt** *darum bemühe, es erbitte, es fordere, es mir hole oder auch dafür kämpfe (YANG).*

Doch möglicherweise *weiß ich* noch gar *nicht, was ich möchte*, muss meine Bedürfnisse erst herausfinden.

**Herausfinden, was ich *möchte***

Oft spürt man nur ein vages Gefühl von Unbehagen, ohne schon ein konkretes Bedürfnis erkennen zu können.

Nach dem Essen sitze ich auf der Terrasse und fühle mich unwohl, weiß aber nicht so recht warum. Soll ich mich hinlegen oder lieber spazieren gehen? Und falls Letzteres, alleine oder mit dem Partner?

Unsere Gesellschaft erwartet in einer solchen Situation, dass man das durch *Nachdenken* klärt, wobei die ungeduldige Frage nicht lange auf sich warten lässt: „Weißt du jetzt endlich, was du willst?"

So sitzen wir in unseren Breiten im Restaurant verzweifelt vor der Speisekarte und können uns nicht entscheiden. Anders im Orient: Ich spaziere in die Küche, koste hier etwas, schnuppere dort an einem Topf, und dann ist klar: Das und nichts anderes!

Mir scheint es sinnvoll – wenn immer möglich – nach dem Motto „Probieren geht über Studieren" vorzugehen: Statt im luftleeren Raum zu grübeln, sammle ich mit all meinen *Sinnen* unterschiedliche Erfahrungen und spüre auf einmal, was zu tun ist. So komme ich zu einer ausgereiften Entscheidung, zu der ich auch stehen kann.

– Erst lege ich mich probeweise auf die Couch. Dann drehe ich eine kleine Runde ums Haus. So finde ich allmählich heraus, was mein Körper braucht anstelle eines Programms. („Nach dem Essen sollst du ruh'n oder tausend Schritte tun.") Das eine Mal wird eine Wanderung daraus. Ein andermal ein genüsslicher Mittagsschlaf. Ich brauche kein starres Programm.

– Zunehmend gehen heutzutage Paare auch in *Krisen* so vor, dass sie sich *probeweise* trennen. Früher schmorte man vor sich hin, um dann irgendwann eine Schwarz-Weiß-Entscheidung zu treffen. Wenn einer auszog, war es endgültig. („Wenn ich gehe, dann für immer!")

Leider riskiere ich bei diesem Vorgehen, von meiner kopfschüttelnden Mitwelt als „inkonsequent" abgeurteilt zu werden. „Erst so, dann wieder so …"

Vor einem Partner meinen noch ungeklärten Zustand *offenzulegen*, wäre besonders wertvoll. Ich werde so für ihn durchsichtiger, gewinne etwas Zeit und setze durch das Darüber-Reden den Klärungsprozess in Gang.

„Ich weiß überhaupt noch nicht, was ich will. Vielleicht X oder doch Y? Lass mir noch ein wenig Zeit." Worauf der Partner sicher antworten wird: „Nimm sie dir ruhig! Ich kann warten."

Als Orientierung für das Herausfinden der eigenen Bedürfnisse: An der Entwicklung von Kleinkindern lässt sich gut ablesen, welche Stationen zu durchlaufen sind:

– Erst bin ich ein „braves Kind", ich tue das, was Mama und Papa wollen.

– Dann werde ich – hoffentlich – ein „böses Kind", das zumindest schon *weiß, was es nicht will.* Trotzphase!

– Schließlich werde ich allmählich erwachsen, werde mir zunehmend bewusster, was ich *möchte* und was *nicht.*

## Mut entwickeln, zu dem zu stehen, was ich möchte.

Wenn ich auf das, was ich möchte, zugehe, (auf lateinisch „adgredi") dann bin ich ad-gressiv, *aggressiv*, und zwar durchaus in einem guten Sinne. Anders als bei verletzender Aggression, die meist durch Frustration ausgelöst wird, ist **gesunde Aggression** Ausdruck dafür, dass ich **Verantwortung** für meine Bedürfnisse übernehme.

Erst wenn ich dazu in der Lage bin, kann ich auch einem anderen gegenüber großzügig, wertschätzend und fair sein, ihn *leben lassen, weil ich selber zu leben verstehe.*

Wer das nicht früh lernen konnte, neigt dazu, auf die Befriedigung seiner Bedürfnisse zu **verzichten,** etwa so:

– Ich erinnere mich heute noch an einen zwanzig Jahre zurückliegenden Besuch eines Freundes. Es war der reinste „Eiertanz":
*Ich*: „Was möchtest du trinken?" *Er*, zögernd: „Was trinkst du?" *Ich*: „Ich trinke ein Weißbier." *Er*: „Dann trink' ich auch eines." *Ich*, mich erinnernd, dass er Weinliebhaber ist: „Du kannst auch Wein haben." *Er*, zögernd, dann aber: „Ich kann schon auch ein Bier trinken." So ging das noch eine Weile weiter. Schrecklich!

– Ganz anders mein selbstbewusster Freund Anderl:
*Er* läutet an der Tür: „Hallo, kann ich reinkommen?" Nach kurzer Zeit: „Weißt du, was ich jetzt gerne hätte? Ein Glas Apfelsaft und ein Butterbrot." – *Ich*: „Na, wenn's sonst nichts ist, gerne." Ich fühle mich entlastet, weil mein Freund Verantwortung für sich selbst übernimmt. Ich muss nicht mühsam herausfinden, wie ich ihn „glücklich" machen kann. Jetzt ist auch unsere Energie frei für Wichtigeres, für ein gutes Gespräch etwa.

Ein sicher extremes Beispiel dafür, wie jemand sich bei mir „zu Hause" fühlt und auf unkomplizierte Weise für sich sorgt. Auch für alle anderen Lebensbereiche heißt in diesem Sinne die Grundbotschaft – meinem Gast und auch meinem Partner gegenüber: *Schön dass du da bist, schön dass es dich gibt.*
*Aber was du genau von mir brauchst, sag' es mir bitte.*

Ich weiß, das klingt alles schrecklich kalt in *Ihren* Ohren. Sollte man nicht doch wieder – wie in Zeiten des Verliebtseins – dahin zurückkehren, dem anderen die Wünsche von den Augen abzulesen?

Ich meine jedoch, im Alltag bewährt sich eher die nüchterne, realistische Haltung. Zum einen ist es entlastend. Zum andern ist mehr Platz für andere wertvolle Erfahrungen mit dem Partner, wie gemeinsame Freude, geistiger Austausch u. a., wenn ich mir sicher sein kann: Der Partner übernimmt im Normalfall selbst die Verantwortung für seine Bedürfnisse und Wünsche – indem er sie offen und klar ausspricht.

Auch wenn ich ihn nicht „glücklich *mache*", darf er doch bei mir ein bisschen „glücklich *werden*" – im Kleinen wie im Großen.

Trotzdem: Ganz so heiß wie gekocht muss es nicht gegessen werden. Im Sinne eines „Restromantikers" ist es mir nicht verboten, den andern ausnahmsweise auch mal glücklich zu *machen*, ihm eine unverhoffte Freude zu bereiten, wenn ich zufällig weiß oder irgendwie herausfinden konnte, wovon er gerade träumt. Und zu guter Letzt bleibt mir immer noch die nüchterne Möglichkeit, ihn zu fragen: „Was hättest du am liebsten? Ich möchte dir zwar gerne eine Freude machen, weiß aber nicht so recht, womit."

In der Stadt auf einem Volksfest, vor einem Süßigkeitenstand. Gerne möchte ich meinem Partner etwas mitbringen, aber was? Steht er noch auf gebrannte Mandeln? Oder will er zur Zeit abnehmen? Schnell das Handy raus und anrufen: „Hallo, hier ist das Marktforschungsinstitut X, wir führen gerade eine Meinungsumfrage durch: Was halten Sie grundsätzlich von gebrannten Mandeln oder glasierten Äpfeln, nur ganz theoretisch?" Und dann bekomme ich vielleicht die Information: „Bei mir liegen gerade Früchtespieße im Trend." Wenn sich mein Partner dann nach meiner Rückkehr über die genießerisch hermacht, hat mein Spiel seinen Sinn erfüllt. Ihm schmeckt es und ich freue mich mit ihm. Darauf kommt es doch an.

Partnerschaftliche Kommunikation muss also gar nicht trocken und fade sein. Was aber zählt: dass mein Partner halbwegs das von mir bekommt, was er braucht, und nicht irgendetwas, was ich ihm – gedankenlos und letztlich nur zu meiner Entlastung – hinlege. Warum also nicht doch:

„Schön, dass du da bist, aber sage mir…"

### Bedürfnisse „durch die Blume" gesagt

Derjenige, den Ängste daran hindern, in offener Weise seine Bedürfnisse anzumelden, sucht oft seine Chance dadurch zu wahren, dass er seine Wünsche wenigstens in *verdeckter* Weise vorbringt, in der Hoffnung, doch noch irgendwie zum Zug zu kommen.

Ich führe die häufigsten Möglichkeiten auf, Wünsche indirekt vorzubringen. Dadurch werden verschiedenartige Risiken vermieden. Der Preis, der zu zahlen ist: Ich bekomme kaum je meine heimlichen Wünsche erfüllt, anders als bei *offenen Ich-Botschaften.*

| *Verdeckte* Botschaften „durch die Blume" oder um den „heißen Brei herum" | *Offene Ich-Botschaften* |
|---|---|
| **Fragen**: „Kommst du mittags nach Hause?" Oder: „Was hast du nachmittags vor?" Ich hoffe, der andere kommt mit seinem Verhalten meinen Wünschen entgegen, ohne dass ich Farbe bekennen muss. Vielleicht habe ich Glück und bekomme die ersehnte Antwort: „Ich würde gerne mit dir spazieren gehen." | **„Ich möchte** gerne mit dir nachmittags spazierengehen." |
| Aussagen, die den Partner indirekt dazu bringen sollen, dass er eine Entscheidung fällt, die meinen Vorstellungen entspricht. Hier: *Heizölbestellung* – „**Man** hört von Preisrückgängen auf dem Ölmarkt." – Oder:„**Du** willst doch sicher jetzt Öl einkaufen." – Oder: „**Wir** könnten jetzt Heizöl einkaufen." – Oder: „**Entscheide du**, ob wir Heizöl einkaufen." Stellt sich später der Kauf als falsch heraus, brauche ich dafür keine Verantwortung zu tragen. | **„Ich schlage vor,** jetzt jetzt so schnell wie möglich Heizöl einzukaufen." |
| Aussagen, bei denen ich, statt Farbe zu bekennen, mich hinter äußeren Zwängen verschanze. – „Ich **muss** jetzt leider aufbrechen". Oder: – „Ich **kann** leider **nicht** länger bleiben." Ich riskiere so nicht das Missfallen meiner Gastgeber. | „Es war schön bei euch. Aber jetzt **möchte ich** trotzdem gehen, weil ich heute früh schlafen gehen will." |

Bei allen diesen Aussagen ist das Wesentliche jedoch nicht die Wortwahl: *Du, Wir, Man* oder *Ich*, sondern die jeweilige – über die Körpersprache spürbare – **Energie.**

| Energie der **verdeckten** Botschaften | Energie **der offenen** Botschaften |
| --- | --- |
| vorsichtig, ängstlich, bescheiden defensiv | mutig, risikofreudig, zielgerichtet,aggressiv (ad-gressiv) |
| leise Stimme<br>gebückte Körperhaltung<br>schwacher Bodenkontakt<br>kaum Blickkontakt u. a.<br>*fade oder angespannt* | kräftige Stimme<br>aufrechte Körperhaltung<br>kräftiger Stand (ich „stehe" dazu)<br>direkter Blickkontakt u. a.<br>*locker und lebendig* |

Beim Einüben der Formulierungen müsste man weit über die Wortwahl hinaus auch die entsprechende körperliche Energie spüren und aufbauen.

**Vorschlag zum Üben:**

Finden Sie in Ihrem Alltag ähnliche Situationen wie in der Tabelle auf der vorhergehenden Seite. Spielen Sie dann ohne Worte – wie in einem Stummfilm – dem Partner die Szene vor. Beispiel: „Ich möchte in Ruhe Zeitung lesen"– ohne Worte, aber in *deutlicher Körpersprache.*

Zum Schluss noch ein Geheimtipp für die kalte Jahreszeit. Angenommen, *Sie* frieren am ganzen Körper. Mehrere Möglichkeiten bieten sich an: sich warm anziehen, flotte Turnübungen, die Heizung aufdrehen. Sie könnten aber auch mit dem Partner reden. Zwei Varianten stehen zur Auswahl:

• *Variante 1: A:* „Es ist ziemlich kalt." *B :*"Letztes Jahr um diese Zeit war es noch kälter. *A:* „Ob das mit dem Ozonloch zusammenhängt?" *B:* „Das glaube ich nicht. Übrigens, da steht ein Artikel darüber in der Zeitung" usw. – *Nachfrage:* Ist Ihnen wärmer geworden? Wohl kaum.

• *Variante 2: A* zitternd und mit sehnsüchtigem Blick: „Mich friert's ganz gewaltig." *B* – ohne viele Worte – nimmt A in den Arm, bis dessen Temperatur wieder stimmt. – *Kommentar:* Es lohnt sich also, emotional zu sein, in diesem Fall, sein Körpergefühl auszudrücken und damit indirekt auch das damit zusammenhängende Bedürfnis.

Allerdings besteht ein Risiko. Es soll immer wieder vorkommen, dass jemand anders als erwartet reagiert, vielleicht so: „Dann zieh' dir halt einen Mantel an." Pech gehabt! Auch eine Ich-Botschaft ist keine Garantie, sondern lediglich eine Chance. Doch die sollte man nutzen!

## 4. Das will ich, und nichts anderes!
### Eindeutige und klare Aussagen

*Der erste Schritt war:* **Offen** *sagen, was man möchte.*

   *Der nötige zweite Schritt wäre:* **Genaue und präzise** *Angaben machen und so weiter gut für sich sorgen.*

Wer sich vage äußert, hat es meist nur mit Hängen und Würgen geschafft, seinen Wunsch überhaupt offen anzumelden. Jetzt reicht der Mut nicht mehr dafür, noch weitere, genauere Ansprüche zu stellen. Dem anderen könnte es zu viel werden.
Statt auf die Schnelle: „Bring' mir was Süßes aus dem Bioladen mit!"
Wie wäre es mit „Ich hätte gerne ein Glas Honig, aber bitte nur Fichtennadelhonig. Und nur ein kleines Glas. Danke."

Aber auch das andere Extrem ist denkbar: Eine selbstbewusste Person kann sich überhaupt nicht vorstellen, ihr Partner würde nicht genau wissen, was sie braucht.

   Wie auch immer: Will ich meine Chance nutzen, nicht nur irgendetwas, sondern genau das zu bekommen, was ich möchte, dann sollte ich meine Wünsche exakt, eindeutig und konkret formulieren.

| *Vage Botschaften* | *Exakte, eindeutige Botschaften* |
|---|---|
| „Ich möchte, dass wir zusammen den Abend verbringen." Partner: „Wo, Wie, Wann genau …?" | „Ich möchte heute Abend mit dir essen gehen, und zwar gerne zum Griechen. Und anschließend noch ein Spaziergang am Flussufer entlang." Der Partner weiß Bescheid. |
| „Mir geht's zur Zeit nicht gut." Partner: „Inwiefern? Und was soll ich tun?" | „Ich bin völlig angespannt. Kann ich bitte eine Massage von dir haben? Anschließend möchte ich mich etwas hinlegen." – Für den Partner ist alles klar. |
| „Ich werde von dir nicht geschätzt." Partner: „Inwiefern nicht? Wie lange schon?" | „Ich fühle mich von dir nicht geschätzt, und zwar wünsche ich mir von dir, dass du anerkennst, wieviel ich tue: Keller aufgeräumt, Steuererklärung, Nachhilfe …" – Partner weiß jetzt, worauf zu achten ist. |

In allen Lebensbereichen ist diese Klarheit hilfreich:

– Im *Teambereich* verhindert exaktes Aushandeln späteren Ärger. Schon die alten Römer handelten danach:

„Clara pacta, boni amici", sinngemäß etwa:

„Klare Verträge schaffen gute Freunde!"

– Ähnliches gilt auch im *erotischen Bereich:*

Wie oft nimmt man einen gut gemeinten Liebesdienst des anderen hin, obwohl er nicht dem entspricht, was man braucht. Aber nach dem Motto „Einem geschenkten Gaul schaut man nichts ins Maul" zwingt man sich dann zu einem gequält-dankbaren Lächeln.

Mag ja sein, dass normalerweise mein Partner sanftes Streicheln schätzt, aber vielleicht gerade heute wünscht er sich eine kräftige und vielleicht gar nicht so sehr erotisch gefärbte Fußmassage. Am besten führt er meine Hand, um genau an der richtigen Stelle und mit dem richtigen Druck das Gewünschte von mir zu kriegen.

Zu klarer Kommunikation gehört auch, **verschiedene Bedürfnisebenen** zu unterscheiden und mitzuteilen: Etwa das *Hintergrundbedürfnis* zum vordergründigen Anliegen:

*Sie:* „Du hast unsere Freunde ohne mein Wissen eingeladen, und jetzt habe ich keinen Kuchen im Haus."

*Er:* „Ich fahr schnell zur Konditorei und hole welchen."

*Sie:* „ Danke, doch genau genommen geht es mir um etwas anderes, Wichtigeres: Ich möchte, dass du vorher mit mir redest, wenn du Freunde einladen willst. Ich möchte da mitentscheiden können."

• *Vordergrundbedürfnis:* Sie will rechtzeitig Kuchen besorgen können.

• *Hintergrundbedürfnis ist das Beziehungsthema:* Sie will gleichberechtigte Partnerin sein. Dies muss sie immer wieder klar ansprechen.

Äußere ich Bedürfnisse dem Partner gegenüber zu einem Zeitpunkt, zu dem ich noch **zwiespältig** bin, sollte ich das offenlegen. Der Partner weiß dann, dass er sich in einer komplizierten Situation befindet und Gefahr läuft, es mir kaum recht machen zu können, was immer er auch tut. Zumindest ist eines klar: dass noch nichts klar ist.

*Variante 1: Ich:* „Bitte bring mir doch aus dem Keller Erdbeereis mit . . . halt, warte, eigentlich will ich abnehmen … na ja, eine kleine Portion müsste drin sein … oder, was meinst du?

*Variante 2: Ich:* „Ich weiß überhaupt noch nicht, was ich will. Einerseits das gute Eis … andererseits will ich abnehmen … Ich überlege es mir noch. Dann, wenn ich weiß, was ich will, sage ich dir Bescheid.

Um nicht bei bloß äußerlichen Formulierungen hängenzubleiben: Versuchen wir die **Energie von Klarheit** und Selbstbewusstsein zu spüren, im Blickkontakt, in der Art, wie wir etwa mit den Händen und Fingern exakt unser Anliegen beschreiben. Ich übernehme sozusagen bis in die Fingerspitzen hinein Verantwortung für mich.

**Vorschlag zum Üben:** Eindeutige, klare Botschaften ohne Worte senden, mit Gesten, wie in einem Stummfilm.

## 5. Darf ich meine Freude mit dir teilen? Angenehme, freudvolle Gefühle ausdrücken

*Angenehme Erfahrungen und ein positives Lebensgefühl möchten Menschen – kulturell und individuell unterschiedlich – mit anderen teilen, am liebsten mit einem Freund oder Partner. „Wes das Herz voll ist, des läuft der Mund über", sagt der Volksmund. Treffe ich beim andern auf Widerhall, steigert dies meine Freude und mein Lebensgefühl: Geteilte Freud' ist doppelte Freud'.*

Angenehme Gefühle zeigen an, dass bestimmte Ereignisse oder Situationen meinen Antrieben, Bedürfnissen und Wünschen entgegenkommen.
    Ich fühle mich behaglich, empfinde Lust, Freude, Dankbarkeit u. ä.
    Mir geht es gut.

Zu diesen unmittelbaren Empfindungen und Gefühlen fügen wir nun Gedanken hinzu, wir *bewerten sie* als *„positiv"*, genauso, wie die äußeren Umstände.
    *„Es* läuft gut für mich." – „Ich habe *Glück."* – *„Das Leben* ist lebenswert." – *„Gott* meint es gut mit mir." u. ä.

Geht es mir mit dem *Partner* in irgendeiner Weise gut, würde es auch nicht schaden, ihn das wissen zu lassen.
    „Es ist schön, mich bei dir so zeigen zu können, wie ich bin … "

Nicht ganz unproblematisch kann es sein, wenn ich meine, den Partner für etwas **loben** zu müssen. Denn damit nagele ich ihn häufig auf eine Rolle – auf meine Erwartungen – fest:

Mir schmeckt das Essen, das mir die Partnerin gekocht hat. Gefühlsmäßig geht es mir gut mit ihr. Füge ich jetzt eine Bewertung dieser Art hinzu: „Du bist eine tolle Köchin", mag das zwar harmlos klingen. Doch genau besehen, manipuliere ich sie durch dieses Lob, wie das mit jedem Lob der Fall ist. Eltern und Lehrer loben – von oben nach unten –, in der Hoffnung, das Kind möge tüchtig so weitermachen wie bisher. Doch wo ein Lob auftaucht, ist der Tadel nicht weit, wenn es auf einmal nicht mehr so gut läuft.

Zurück zu unserer Köchin: Was ist, wenn es mir beim nächsten Mal nicht so gut schmeckt? Ist sie jetzt eine „schlechte" Köchin geworden?

Mag sein, dass Sie das als Haarspalterei betrachten: Aber als Partner bleibe ich am besten wieder einmal bei meinem eigenen Gefühl und drücke es als **Ich**-Botschaft so aus, wie mir zumute ist: „Großartig schmeckt *mir* das!" – und riskiere zusätzlich noch eine liebevolle Geste. Jetzt wird die Partnerin nicht „gelobt", sondern bekommt etwas, was eher zur Partnerschaft passt – weil nicht festlegend –: **Anerkennung** und die Erfahrung, anderen Freude bereiten zu können.

Am schnellsten springt der Funke zum Partner dann über, wenn ich eine **gefühlsnahe** Sprache spreche:

Statt: „Ich ‚*habe*' Freude damit" eher: „Ich ‚*freue*' mich riesig". Doch letztlich entscheidet nicht die Wortwahl, sondern ob ich von diesem Gefühl erfüllt bin, ob bei mir die *Energie der Freude fließt*. Und dann ist eine „falsche" Wortwahl wie „Das ist toll" letztlich doch eine echte Ich-Botschaft. Umgekehrt ist ein schulbuchmäßiges, aber gefühlsarmes „Ich freue mich" nicht viel wert.

Auch im *Dialekt* mit seinen bildhaften Begriffen bin ich den Gefühlen näher als in der Hochsprache.

In besonderem Maße fließt die Energie zwischen mir und dem anderen hin und her, wenn ich zusätzlich auch noch meinen Körper – Blicke, Berührungen, Gesichtsausdruck, Bewegungen – sprechen lasse, wenigstens einen Tropfen südländischen Bluts in mir habe.

## Wie kann man **lernen,** seine **Gefühle auszudrücken?**

Zunächst stellt sich die Frage: Was ist richtig, was ist falsch? Ist jemand in diesem Punkt zurückhaltend, besteht zunächst nicht der geringste Grund für ihn, etwas zu ändern. Handelt er sich jedoch Probleme mit seinem Partner ein, der sich nach mehr Nähe sehnt, wird er sich diesem Thema wohl nicht entziehen können. Dann gilt es für ihn herauszufinden, ob er – unabhängig von Erwartungen des Partners – sich verändern will oder so bleiben möchte, wie er wurde. Ob allerdings der Partner das dann mitträgt, steht auf einem anderen Blatt.

Will man aber selbst mehr Offenheit entwickeln, braucht es über den Druck hinaus eine tiefe *Sehnsucht* nach dem bisher nicht Gelebten (vgl. Beispiel S. 98 ff.). Aber geht es wirklich um ein völliges Neulernen oder bloß um ein *Wiederfinden* von Verlorenem, um ein *Ent-Decken* von Zugeschüttetem? Konnte das nicht jeder von uns als Kind einmal: spontan und offen sein – vor der Dressur?

Doch – bevor eine Ideologie draus wird: Manchmal möchte ich einfach mein Gefühl bei mir **behalten:**

– Weil es so flüchtig und zerbrechlich ist, dass ich selbst es nicht zerreden möchte.

– Weil ich befürchte, mein Gegenüber zerredet es mir, fragt bohrend nach, ist geschwätzig, analysiert …

– Weil ich damit rechne, dass der andere mir „mein Lied zerstören" will, wie es in einem französischen Chanson heißt.

Vor Jahren kam ich gut gelaunt, leise vor mich ein Lied hinträllernd, in ein mir vertrautes Büro. Kaum hatte ich den Raum betreten, fing ich mir von einer Schreibkraft einen strengen Blick ein mit der Warnung: „Den Vogel, der am Morgen singt, frisst am Abend die Katz." Meine gute Laune war dahin. Doch wo lag das Problem? Bei ihrer schlechten Laune? Oder war ich zu aufdringlich gewesen?

Damit sind wir bereits bei der Frage: Wann soll ich mich aus *Rücksicht auf andere* mit meinen Gefühlen zurückhalten? Wenn der andere sich – aus welchen Gründen auch immer – verschließen will, ist das zu respektieren!

– Er beschäftigt sich vielleicht gerade intensiv mit eigenen Gedanken oder Gefühlen und möchte nicht in eine – für ihn gerade nicht passende – Schwingung versetzt werden. Dann hat er das Recht, sich seine „schlechte Laune" nicht von mir verderben zu lassen.

— Ihm geht es im Augenblick schlecht und die präsentierte Heiterkeit ist für ihn ein zu starker Kontrast zu seinem eigenen Gefühlszustand. Er wird sich so seines eigenen desolaten Zustands noch deutlicher bewusst.

Bei aller wünschenswerten Spontaneität: Wenn es mir gut geht, dann strahle ich „gute" Energie zwar aus, wenn ich „echt" bin, aber nur unter der Voraussetzung, auch sensibel genug zu sein, den anderen in seiner Situation zu respektieren. Nur dann handle ich auch „stimmig". So gesehen ist meine gute Laune immer nur ein dezentes Angebot, das der andere aufgreifen kann oder nicht.

## 6. Mir geht's schlecht, hast du Zeit für mich? Unangenehme und „negative" Gefühle

*Unangenehme Erfahrungen drücken sich in entsprechenden Gefühlen aus, die signalisieren: Um meine Bedürfnisse ist es schlecht bestellt. Die Energie ist blockiert. Ich bin ärgerlich, traurig, ängstlich, sorgenvoll, enttäuscht, unzufrieden, neidig, eifersüchtig u. a. Nicht immer möchte ich das alleine tragen:*
„Geteiltes Leid ist halbes Leid".
- So kommt blockierte Energie wieder ins Fließen.
- **Vertrautheit** entsteht zwischen mir und dem anderen.

Läuft es gut im Leben, treten angenehme Gefühle auf, die Energie fließt (Abb. 10a). Trifft jedoch die auf kleine oder große Lebensziele gerichtete Energie auf Widerstand, wird sie vorübergehend blockiert (Abb. 10b). Das drückt sich in Gefühlen unangenehmer oder sogar leidvoller Art aus. Man spricht von „primären" oder **Grundgefühlen.**

– *Ärgerlich* weil die Telefonzelle kaputt ist.
– *traurig,* weil der Hund überfahren wurde.
– *Angst* davor, einen Vortrag zu halten.
– *Enttäuschung* über Vertrauensbruch des Partners.

## Wie wir mit unseren Gefühlen umgehen

Nun neigen Menschen dazu, auch diesen an sich völlig normalen und gesunden Gefühlsreaktionen Bewertungen hinzuzufügen, sie als **„schlecht"** zu etikettieren.

Dies ist besonders ausgeprägt in einer Kultur, die an der Welle des Lebens nur die Wellenberge – das Angenehme – akzeptiert und die Wellentäler – das Unangenehme und Leidvolle – beseitigen will. Wie eine Art Korsett umfängt diese Bewertung das Grundgefühl und hindert es daran, sich auszudrücken (Abb. 10c).

141

Folglich: „Mensch, ärgere dich nicht!" „Kein Grund zur Unzufriedenheit!" „Sei nicht traurig, lenk' dich ab!"

| Die Welt ist freundlich = *angenehme* Gefühle (z. B. Freude) | Die Welt ist behindernd = *unangenehme* Gefühle (z. B. Ärger) | 1) Grundbewertung Unangenehme Gefühle erhalten das Etikett: „schlecht" | 2) Explosive weitere Etikettierung „Andere sind schuld", Wut auf „böse" andere |
|---|---|---|---|
| a) Fließende Energie | b) Vorübergehend blockiert | c) Blockierung wird zementiert | d) Blockierte Energie wird **negative** Energie |

*Abb. 10. Schlechter Umgang mit Gefühlen*

(1) Dieser Grundbewertung, die wir meist unbewusst verinnerlicht haben, folgen nun weitere Maßnahmen, die dafür sorgen sollen, dass das in Schach gehaltene Gefühl völlig verschwindet. Man versucht es mit Verdrängen, Verleugnen, Unterdrücken. Reicht das nicht aus, haben Psychologie und Religion auch noch andere Strategien auf Lager, um das Ungeliebte loszuwerden, beispielsweise:

- *Ausschütteln, Herausschreien, auf Kissen schlagen u. ä.* Im Sinne des „hydraulischen" Modells der Psyche geht beispielsweise die Bioenergetik vor.
- Durch das Gegenteil bekämpfen, etwa „Zorn durch Liebe besiegen" oder durch Mitgefühl für den, der es auslöste.
- *Beruhigen:* Ärger, Angst u. ä. durch Atmen auflösen.
- *Positives Denken:* Die positive Seite der Situation betrachten.

(2) Wenn das Gefühl stärker ist als all die genannten Maßnahmen, kann es das einengende Korsett sprengen und sich massiv gegen das Blockierende in der Welt wenden.

Dem schiebe ich nun die Schuld für mein Leid in die Schuhe, beschimpfe es und gerate dabei außer mir vor Wut (Abb. 10d).

142

Eine neue Bewertung geschieht, diesmal so, dass die Umwelt als „böse" etikettiert wird. (Im Einzelnen kann es sich um eine Projektion, um eine Verschiebung oder einfach um eine gelernte Entlastungsstrategie handeln)

- Frustriert wegen des kaputten Telefons *beschuldige* ich die Post als völlig unfähiges Unternehmen.
- Traurig wegen des toten Hundes *hadere* ich verbittert mit dem Schicksal, das es offensichtlich schlecht mit mir meint.
- Meine Redeangst tritt nur wegen eines *missgünstigen Publikums* auf.
- Enttäuscht über den Partner nenne ich ihn *böse* und einen *Betrüger*.

Das „primäre" Grundgefühl (z. B. Ärger), das durch die anfängliche Abwertung daran gehindert wurde, sich wieder aufzulösen und einen gesunden Ausweg aus der Blockade zu finden, verwandelt sich jetzt in ein „sekundäres" Gefühl (z. B. Wut, Hass), das sich zerstörerisch nach außen wendet.

Aus einem normalerweise harmlosen „unangenehmen" Gefühl wird nun tatsächlich ein **negatives** Gefühl.

- Nicht der *Ärger*, sondern die hinzukommende *Wut* ist negativ.
- Nicht das *Traurigsein*, sondern das vorwurfsvolle *Hadern* mit dem Schicksal ist negativ.
- Nicht die *Angst*, sondern die *Schuldzuschreibung* an den, vor dem man sich fürchtet, ist negativ.
- Nicht die *Enttäuschung* über den Partner, sondern die *Beschuldigung*, er sei ein Betrüger, ist negativ.

Nicht immer erfolgt dieser zweite Schritt in der geschilderten *explosiven* Weise. Manchmal kann sich die blockierte Energie des Gefühls auch gegen den Betreffenden selbst wenden – als *Implosion* – und sich etwa auf den „Magen schlagen" (psychosomatische Störung).

## Bei seinem unangenehmen Grundgefühl bleiben

Wenn man in gesunder Weise akzeptiert, dass zu jeder Welle eben auch ein Wellental gehört, zur Freude auch Leid, dann gäbe es keinen Grund, seine unangenehmen Gefühle (Ärger, Unzufriedenheit, Sorge …), die anzeigen, dass die Lebensenergie vorübergehend blockiert ist, als „schlecht" zu etikettieren und loswerden zu wollen.

Auch wenn Menschsein immer schon „Kultur" bedeutet, könnten wir von der Natur lernen, wie sie mit Behinderung der Energie umgeht.:

– *Beispiel „Blockade":* Ein Felsbrocken stürzt in ein Bachbett. Wie wird das Wasser wohl reagieren? Wird es empört stehen bleiben und den unverschämten Felsen oder die untätige Forstbehörde anklagen? Nichts von alledem. Das Wasser staut sich etwas auf und fließt dann einfach um den Felsen herum weiter ins Tal.

– *Beispiel Deprimiertsein:* Die obere Donau beginnt bei Donaueschingen vollständig zu versickern. Was wird sie tun? Jammern: „Ich werde depressiv, ich schaffe es nie bis zum schwarzen Meer." Wie bekannt, fließt sie einfach unterirdisch weiter, taucht nach siebzehn Kilometern wieder auf und wird zu einem kraftvollen Strom.

Wir könnten ähnlich mit „normal" starken Grundgefühlen verfahren, sie einfach zulassen. Das geschieht vor allem dadurch, dass wir die das Gefühl begleitenden Körperreaktionen zunächst liebevoll annehmen. Diese sind bei jedem Gefühl etwas anders.

– Bei *Ärger* oft: Gerunzelte Stirn, geballte Fäuste, stockender Atem.
– Bei *Traurigsein*: Zusammengeschnürte Brust, gebückte Körperhaltung, feuchte Augen u. a.
– Bei *Angst*: Etwa Druck in Magen und Brust, feuchte Hände.
– Bei *Enttäuschung* häufig: Flacher Atem, Zusammensinken u. a.

Diese Körperempfindungen wahrzunehmen, intensiv zu erleben und ihnen – frei von negativer Bewertung – die Führung zu überlassen, ergibt schließlich Folgendes: Ärger, Traurigsein, Angst und Enttäuschung verwandeln sich, wenn sie sich ausdrücken dürfen, allmählich wieder in kraftvolle Lebensenergie, die ihren Weg findet.

Ich schüttle während des Schimpfens (nicht Be-Schimpfens) meine geballten Fäuste, der kurz blockierte Atem macht tiefem Luftholen Platz, zunehmend spüre ich wieder Kraft in meinem Körper und suche einen Ausweg aus der Situation.

Doch manchmal reicht das nicht. Da wir mangels ausreichender Instinktsteuerung auf Lernen angewiesen sind, braucht es gegebenenfalls *zusätzliche Maßnahmen*.

– Bei *begründeter Angst* müsste ich u. U. entsprechende Fähigkeiten entwickeln, um die Aufgabe zu meistern, oder darauf verzichten.
– Bin ich von einem andern enttäuscht, sollte ich herausfinden, inwieweit ich das mitverursacht habe. Eventuell müsste ich dann ein unrealistisches Vertrauen in die Welt korrigieren.

Wenn ich in bestimmten Situationen *besonders intensiv* reagiere, stellt sich die Frage, inwieweit das mit meiner kindlichen Lerngeschichte zusammenhängt.

Herr X flippt jedes Mal völlig aus, wenn man ihm sein „Revier" streitig macht: Jemand schnappt ihm eine Parklücke weg. Oder: Auf seinen Wanderungen querfeldein versperrt ihm ein Weidezaun den Weg.

Die Gehirnforschung[51] hat festgestellt, dass in einer bestimmten Gehirnregion – „Mandelkern" genannt – unbewusste, frühkindliche Gefühlserfahrungen gespeichert sind, die ein unkontrolliertes Verhalten auslösen können.

Als Erstes könnte man versuchen, solche Reaktionen auf geduldige Weise „beherrschen" zu lernen, etwa durch Hineinatmen in die Erregung. Ein weiterer Schritt wäre, im Rahmen von Beratung oder Therapie nach Lösungswegen zu suchen.

Doch auch wenn wir selbst bereit sind, an unseren Grundgefühlen nicht mehr länger herumzumanipulieren, müssen wir realistischer Weise damit rechnen, dass uns fast die gesamte Mitwelt diese Gefühle ausreden will. Wir sollten das nicht zulassen und für unsere Gefühle kämpfen. Das wäre – über unser eigenes Wohl hinaus – auch ein bescheidener Beitrag dazu, eine neue Kultur des Umgangs mit Emotionen in unserer Gesellschaft zu schaffen.

## Anderen nicht erlauben, mir Gefühle auszureden

Ein Freund von mir, der schon zwei Töchter hatte, bekam noch ein weiteres Mädchen, obwohl er sich diesmal so sehnlichst einen Jungen gewünscht hatte. Als er Bekannten und Freunden offenbarte, wie traurig er sei, die Erfahrungen mit einem Buben wohl nie mehr kennen lernen zu können, bekam er ausnahmslos den gleichen Satz vorwurfsvoll entgegengehalten: „Sei froh, dass das Kind gesund ist."

Er fand keinen einzigen Menschen, der ihm sein Gefühl ließ. Dabei wäre er – sich eines Kollegen mit einem behinderten Kind erinnernd – nach wenigen Augenblicken ganz von alleine darauf gekommen, dass er trotz seiner Enttäuschung allen Grund hatte, dankbar zu sein. Das wäre dann eine gewachsene Dankbarkeit gewesen und keine von den anderen geforderte.

Mein Freund lernte daraus für die Zukunft: Immer dann, wenn ihm jemand ein Gefühl ausreden wollte, sagte er: „Halt, *lass mich über mein*

*Gefühl reden*, wenn du mein Freund sein willst. Ich klage ja niemanden an, und ich weiß auch, dass es viel schlimmere Dinge gibt. Trotzdem möchte ich das selber herausfinden dürfen."

Wenn es möglich ist, sich unter Freunden und Partnern auch über solche leidvollen Gefühle auszutauschen – ohne Kritik befürchten zu müssen –, dann schafft das Nähe und *Vertrautheit*: Ich erlebe, dass mich der andere trotz dieser Seiten aushält, mich akzeptiert, auch dann, wenn ich ärgerlich, traurig, depressiv, neidisch, eifersüchtig oder sonst irgendetwas bin.

Ein weiteres Geschenk: Ich spüre, der andere *traut mir zu*, dass ich alleine wieder ins Gleichgewicht komme.

### Wie von negativen Gefühlen wegkommen?

Hat sich das als „schlecht" unterdrückte Grundgefühl bereits zu einem explosiven, zerstörerischen, negativen Gefühl entwickelt, dann fließt **„schlechte" Energie**.

Ich beschuldige, klage an, beschimpfe ...

Diese Botschaften wirken als elektrische Gehirnwellen direkt negativ auf Menschen in meinem Umfeld. Die sog. „sentische" Kommunikation (vgl. S. 77) ist neben der Wortsprache und der Körpersprache eine „dritte Sprache"[52], die bewusst kaum wahrnehmbar und gerade deswegen so gefährlich ist.

Auch ohne aufwendige Messgeräte kann jeder bei sich selbst feststellen, wie sich ein harmloses Grundgefühl in ein problematisches *negatives* Gefühl verwandelt:

Stellen Sie sich vor, *Sie* haben gerade einen Brief begonnen, als das Telefon klingelt. Ärgerlich (Grundgefühl) rufen sie aus: „Ich will jetzt nicht gestört werden ..." Doch dann schieben *Sie* Ihren Unwillen weg. Als das Klingeln nicht aufhört, stürzen *Sie* schließlich zum Telefon, wütend zwischen den Zähnen hervorstoßend: „Das ist bestimmt wieder einer von den unverschämten Werbeleuten ..." (Negatives Gefühl)

Können Sie wahrnehmen, wie beim unangenehmen Grundgefühl die Augen offen sind und die Gesichtspartie relativ entspannt ist, während beim Beschimpfen sich die Augen verengen und die Gesichtszüge verkrampfen?

Einen weiteren Beweis für die zerstörerische Wirkung von negativen Gefühlen liefert die Untersuchung von Wasser. Wenn schon Befehle die Struktur von Wasser zerstören, so erst recht Beschimpfungen. So wird ein wunderbarer Kristall durch die Botschaft „Dummkopf" vernichtet[53] (vgl. S. 60 f.).

Das Gleiche wird höchstwahrscheinlich unseren weitgehend aus Wasser bestehenden Gehirnzellen widerfahren.

Was ist jetzt zu tun?

So wenig zu akzeptieren ist, dass andere mir meine Grundgefühle ausreden wollen, so sehr ist andererseits verständlich, dass keiner etwas mit meinen negativen und zerstörerischen Gefühlen zu tun haben will. So setzen wieder die schon geschilderten Beeinflussungsversuche der Gesellschaft ein: Verdrängen, Unterdrücken, Bekämpfen usw.

Ganz anders könnte eine anspruchsvolle Psychotherapie, die sich als Hilfe zur Selbsthilfe versteht, dem Menschen schlicht und einfach helfen, von seinem negativen Gefühl wieder zum Grundgefühl zurückzukehren, die Fehlentwicklung rückgängig zu machen.

In der sog. „Quantenpsychologie"[54] wird nun in faszinierender Weise ein auch im Alltag leicht gangbarer Weg aufgezeigt, negative Gefühle in kurzer Zeit aufzulösen und sich wieder dem Ursprungsgefühl zu überlassen. In meinem persönlichen Leben ebenso wie in Beratung und Therapie gehört diese Methode zum Wertvollsten, das ich kenne. Deshalb möchte ich sie hier beschreiben und anhand eines Beispiels die Schritte aufzeigen, die von einem negativen Gefühl erst zum Ausgangsgefühl, dann wieder zu fließender Energie und schließlich auch zu einer eventuellen Bereinigung der Konfliktsituation führen. Dabei habe ich jedoch den „Normalfall" im Auge und nicht schwere Störungen.

---

**1. Ent-Etikettierung:**
Ich hebe die negative Bewertung, z. B. die Schuldzuweisung und Beschimpfung auf.
**2. Rückkehr zum Grundgefühl:**
Intensive Körpererfahrung (z. B. Atmung, Spannung)
+ Erleben des Grundgefühls
*Blockierte Energie verwandelt sich
in fließende Energie.*

---

### 3. Zusätzliche Maßnahmen
- Stützendes (Beruhigen extrem starker Erregung etc.)
- Änderungen in der Realität (z. B. Kompetenz erwerben, etwas ändern u. a.)
- Konflikt austragen, neue Regelungen finden ...

*Beispiel*: Ich habe einen dringenden Termin wahrzunehmen und will mit dem Auto wegfahren. Zu meinem Entsetzen merke ich, dass mein Sohn Moritz damit unterwegs ist. Ich gerate fast in Panikstimmung. Was soll ich jetzt tun? Spontan entfährt mir „So ein unverschämter Kerl, fährt einfach weg, ohne mir was zu sagen!" *Eine Du-Botschaft: Beschuldigung – negative Energie!*

1. *Ent-Etikettierung*: Ich spreche den Satz: **„Ich nehme wahr**, dass ich Moritz als unverschämt beschimpfe." Indem ich meine bewertenden Du-Botschaften („Du bist gemein", „Du bist schuld" u. ä.) erkenne, wird mir klar: Sie sind meine Schöpfung. Wenn ich Abstand davon nehme, bekomme ich die Freiheit, sie abzulegen oder auch nicht.

2. *Rückkehr zum Grundgefühl*:
- Ich nehme meine körperlichen Reaktionen wahr: Äußerste Erregung, spürbar im Bauch. Angehaltener Atem, geballte Fäuste. Intensiv spüre ich in diese Empfindungen hinein. Spontan beginne ich die Fäuste schüttelnd vor der Garage hin und her zu gehen wie ein Raubtier im Käfig. Immer wieder stampfe ich wütend mit dem Fuß auf.
- Plötzlich taucht das Grundgefühl auf: Ich spüre *Angst*, den wichtigen Termin zu verpassen, und fühle mich völlig *hilflos*. Inzwischen habe ich aufgehört, Moritz zu beschimpfen. Ich bin nicht länger außer mir, sondern wieder *ganz bei mir* angelangt und bei meiner tiefen Sorge. Das drücke ich jetzt aus, als **Ich-Botschaft:** „Ich habe Angst, es nicht rechtzeitig zu schaffen."
- Langsam setzt jetzt tiefe Atmung ein, meine Schritte werden kraftvoller, ich suche nach einem Ausweg. Da fällt mir ein, ich könnte Moritz auf dem Handy anrufen. Er ist dran, verspricht, in fünf Minuten da zu sein. Immer kraftvoller zirkuliert die Energie in mir. „Das schaffe ich locker" bricht aus mir heraus. Ich muss schmunzeln, als ich mich bei dem Gedanken ertappe, es dürfe ruhig noch etwas dauern, so lustvoll erlebe ich auf einmal alles. In vollen Zügen genieße ich die frische Luft und das Hin- und Herwandern im Freien. Blockierte Energie hat sich vollständig in kraftvoll **fließende Energie verwandelt.**

3. *Klärung des Konflikts*:
Moritz braust heran und springt aus dem Auto. Bevor ich etwas sagen kann, meint er: „Du hast meine Notiz ja gelesen?" Als ich ver-

wundert nachfrage, fügt er hinzu: „Ich hatte dir einen Zettel vor die Tür gelegt mit meiner Handynummer." Da ich jetzt keine Zeit mehr habe, das zu klären, rufe ich ihm beim Wegfahren zu, später noch mit ihm über den Vorfall reden zu wollen. – Abends stellt sich dann heraus, dass *ich* es war, der seine Nachricht übersehen hatte. In Ruhe überlegen wir, wie beim nächsten Mal eine pannenfreie Lösung aussehen könnte.

Ich habe das Vorgehen deshalb so ausführlich geschildert, weil ich diese Methode für eine großartige Hilfe ansehe, negative Gefühle erst zu entschärfen, um dann gelassen mit den verbleibenden unangenehmen Grundgefühlen umgehen und sie auch andern zumuten zu können. Ich wende diese Methode persönlich und beruflich regelmäßig an.

Nur wenn das nicht gelingt, könnte man therapeutisch an hartnäckigen Widerständen arbeiten, d. h. herausfinden, was aus früherer Zeit kommend bis heute ein Loslassen von Schuldzuweisungen u. ä. verhindert. Doch meist sind diese zur Gewohnheit geworden und lassen sich wie geschildert auflösen.

Zusammenfassend: Bliebe ich beim negativen Gefühl, würde ich dem *andern* – und *auch mir* – nur *schaden,* bis hin zu aggressiven Handlungen. So aber kann ich jetzt den Konflikt bereinigen und mir selber Gutes tun, *zu neuer, kraftvoll fließender Lebensenergie finden.*

### Wie offen soll man sein?

In einer Partnerbeziehung wird – nach E. Stadter – Offenheit, *„Transparenz (…) zu einem kategorischen Imperativ der Fairness."*[55] Denn das, was wir – selbst bei korrektem Verhalten – insgeheim negativ denken, beeinflusst den andern auch negativ, ob wir wollen oder nicht.

Andererseits sollte Offenheit nicht zu einer Forderung werden. Nicht immer ist der andere dafür aufnahmefähig. Fremden gegenüber wäre es ausreichend, Offenheit sowohl von der Wortwahl als auch von der Dosierung her bescheidener und somit angemessen zu handhaben.

Angenommen, ich wäre im Augenblick *zutiefst* unzufrieden, fast depressiv. Dies offen zu bekennen, könnte ich vielleicht meinem Partner zumuten. Nicht aber einem Bekannten. Ihm gegenüber würde reichen:
– „Ich fühl mich im Augenblick *kraftlos* … " (Wortwahl)

– Bin *ein wenig* unzufrieden." (Dosierung)
  Zwar ist das nicht die volle Wahrheit, trotzdem aber ehrlich.

In „freier Wildbahn" jedoch rate ich von einem seelischen Strip-
tease auf jeden Fall ab. Klug gehandhabte Offenheit schützt beide
Parteien.

Am Anfang meiner Berufstätigkeit war ich zu einem Vortrag in ein
oberbayerisches Dorf gebeten worden. Da Reden vor Publikum noch
nie meine Stärke war, geriet ich fast in Panikstimmung, als ich mich
plötzlich in einem riesigen, verrauchten Wirtshaussaal wiederfand, ge-
füllt von Bauern, die fröhlich dem Bier zusprachen. Sollte ich jetzt meine
Unsicherheit überspielen, was recht anstrengend werden würde? Oder
sollte ich mich offen zu meinem mulmigen Gefühl bekennen, um dieses nicht in Schach halten zu müssen? Noch dazu, wo das Thema des
Vortrags „Offene Kommunikation" hieß. Doch mich in dieser Umgebung völlig zu outen, hätte wohl ein Grinsen bei den Zuhörern ausgelöst und Kommentare wie: „Der Herr Psychologe braucht ja selber einen Psychologen." So entschloss ich mich, mein Offensein zu dosieren,
sodass es in diesen Rahmen passte. Und so begann ich mit den Worten:
„Mich freut es sehr, dass Sie soviel Interesse an meinem Vortrag haben."
(Was durchaus stimmte.) „Ich bin aber ehrlich gesagt noch ziemlich *angespannt* nach der langen Autofahrt." (Was im Großen und Ganzen
auch noch zutraf.) Worauf der Wirt spontan eine Maß Bier auf das Red-
nerpult stellte und mir unter dem Gelächter der Zuhörer versicherte:
„Trinken's von unserem guten Bier, da werden Sie bald die ganze Spannung loswerden, denn das ist Medizin." Gern nahm ich das Angebot an,
nahm einen kräftigen Schluck, um dann – wahrheitsgetreu – bekennen
zu müssen: „Jetzt geht's mir schon viel besser." Es wurde ein rundher-
um gelungener Abend.

---

Wenn es mir schlecht geht und ich darf die entsprechenden
Gefühle – frei von negativen Etiketten – ausdrücken und dem
anderen mitteilen, dann bedeutet das:
- Ich kann mich entlasten und meine blockierte **Energie wieder ins Fließen bringen**.
- Es entsteht **Nähe und Vertrautheit** zwischen mir und dem
  anderen.

> Wenn jemand in seiner Not zu ihm kam, … so verstand
> Josef ihn anzuhören, ihm sein Ohr und Herz zu öffnen
> … und ihn entleert und beruhigt zu entlassen.
> H. Hesse, „Das Glasperlenspiel"

## 7. Ich leg´ ja schon die Zeitung weg
### Die Kunst des Zuhörens

Mein Partner redet mit mir aus unterschiedlichen Gründen:
- Er will mit mir eine Alltagsregelung treffen
- Er will mehr Klarheit über sich oder eine Sache
- Er will freudvolle Gefühle mit mir teilen (Geteilte Freud' …)
- Er will leidvolle Gefühle mit mir teilen (Geteiltes Leid …)

Zunächst bin ich ein **guter Zuhörer,** will sein Anliegen verstehen und gut damit umgehen.

Doch Zuhören scheint nicht so einfach zu sein, denn zu den häufigsten Klagen gehört: „Mein Partner hört mir nicht richtig zu."
Dabei wäre aufmerksames Zuhören ein wertvolles Geschenk.
Wie sonst könnte ich in so kurzer Zeit so viel für einen anderen tun?

Auf dem Weg dazu lauern einerseits einige *Fallen*, und andererseits gibt es vieles *aktiv zu tun*.

Bevor ich jedoch zur Technik komme, eine Zwischenbemerkung: Entscheidend ist, aus welchem Geist heraus ich mir Zeit für den anderen nehme. Bin ich im Augenblick überhaupt fähig, ihm ein einigermaßen wohlwollender Zuhörer zu sein?

*„Diese Fähigkeit erwächst nicht aus der Anwendung von Techniken, die man in einem Seminar gelernt hat, sondern basiert auf einem stabilen Selbstbild und aufrichtigem Respekt vor dem Standpunkt eines anderen Menschen."*[56]

Dennoch kann ich von einem bestimmten Punkt an Achtung vor dem anderen auch einüben und steigern. Deshalb zurück zum Technischen.

In manchen Gesprächen sind Reden und Zuhören einigermaßen ausgeglichen. Mal ist der eine, mal der andere dran, in ständigem, meist raschem Wechsel:

Diskussionen – Aushandeln, wer welche Aufgabe übernimmt. – Gemeinsames Klären, wie ein Problem entstand ...

Anderswo sind die Rollen relativ einseitig, zumindest für einen längeren Zeitraum:

Einer will sein Herz ausschütten, der andere stellt sich zuhörend zur Verfügung. – Ich trage dem anderen den Entwurf eines Vortrags vor und bitte um anschließende Rückmeldung. – Beim Ritual des Zwiegesprächs teilt sich einer längere Zeit mit und der andere hört geduldig zu.

Wie es auch im Einzelnen sein mag: Sinnvollerweise teilt man gutes Zuhören in mehrere Schritte ein, um klarer sehen zu können, wo Gefahren lauern und wo Chancen winken:

- *Vorklärung:* Bin ich schon bereit, „ganz Ohr" zu sein und mit „frischen" Ohren zuzuhören?
- *Anfangsphase:* Verstehe ich das Anliegen des Redenden? Gehe ich achtsam und geduldig damit um?
- *Sondermaßnahmen:* Etwa „aktives Zuhören", Hilfe beim Ent-Etikettieren, erwünschte Lösungsvorschläge u. a.
- *Abschluss:* Gegenseitige Rückmeldungen. Vor allem: Wie ging es dem Redenden mit dem Zuhörenden?

Erläuterungen:

**Vorklärung**

Um „ganz Ohr" sein zu können, müsste ich prüfen, ob ich vom Zeitpunkt und von meiner Befindlichkeit her schon bereit bin.

Denn volle Konzentration und die Zurückstellung eigener Bedürfnisse sind nötig.

Ferner: Neige ich dazu, den andern sozusagen in einer „Schublade" zu haben, schon mit Bestimmtem zu rechnen?

„Ganz gewiss kommt wieder die alte Leier" oder „Das dauert sicher ewig."

Mit „frischen" Ohren dagegen bin ich frei von vorgefassten Meinungen und offen für das was kommt.

## Anfangsphase

Ein erstes großes Ziel wäre, das **Anliegen** des Partners zu **verstehen**. Wenn nicht klar ist, was er will, frage ich als Zuhörender nach: „Wozu genau brauchst du mich?" Dann kann der zunächst einfach losredende Partner dies genauer benennen:
„Ich will bloß ein wenig Spannung los werden." Oder
„Ich bitte dich, mir zu sagen, ob meine Sätze verständlich sind."

**Nachfragen** kann auch nötig sein, wenn ich die im weiteren Verlauf geäußerten Wünsche oder Gefühle nicht genau verstehe.
„Soll ich *irgendein* Mückenmittel von der Apotheke mitbringen oder ein bestimmtes?"
„Ich kann schwer nachvollziehen, dass du nach der Prüfung deprimiert warst."
Der Partner: „Weißt du, zunächst war ich erleichtert, aber dann fiel ich in ein Loch, vermutlich weil ich völlig erschöpft war."
Jetzt lauern eine Menge **Fallen** auf den Zuhörenden:

• Bei Diskussionen und beim Aushandeln besteht die Gefahr, in Sorge um das eigene Anliegen schon seine *Erwiderung innerlich vorzubereiten* oder gar den anderen *nicht ausreden zu lassen*.

• Bringt der Partner negative Gefühle, sollte ich nicht zu einem „falschen Freund" werden, indem ich mitschimpfe (vgl. S. 75).

• Stört mich etwas an einer Partneräußerung, wäre es besser, sie nicht zu *bewerten*, sondern mein Gefühl dazu auszudrücken.
Der Partner spricht von einer „Katastrophe", was ich übertrieben finde. Statt: „Übertreibe doch nicht so ...": „*Mir* ist das etwas zu dramatisch." Dann könnte der Partner erklären: „*Ich* hab' das so erlebt."

• Auch *Ratschläge* können bedeuten, dass ich mit dem Partner ungeduldig werde. Das wäre offenzulegen.
Statt: „Dann ruf' doch endlich an, statt ewig herumzujammern.": „Mir fällt es schwer zu sehen, wie du nichts unternimmst."
Der Partner: „ Ich fühle mich dem Gespräch nicht gewachsen."

Bei allem Engagement für den Redenden darf ich als Zuhörender auch für mich gut sorgen. Dazu gehört vor allem, mich **gegen schlechte Energie zu schützen**. Statt jedoch dagegen anzukämpfen, könnte man auf sanftere Weise gut auf sich schauen, indem man sich etwa Folgendes vorstellt: Man ist sozusagen „imprägniert", sodass schlechte Energie abperlt. Oder: Man ist wie ein Fels in einem Fluss, um den das Negative herumfließt, ohne Schaden anzurichten.

**Sondermaßnahmen**

Zum normalen Zuhören würde es reichen, „ganz Ohr", ohne vorgefasste Meinung zu sein, das Grundanliegen und die Äußerungen des Redenden zu verstehen, ausreichend mitzufühlen und im Übrigen die genannten Fallen zu vermeiden.

Abb. 12

Über die dazu nötige Aktivität hinaus wäre nichts Zusätzliches zu tun, sodass mein weiteres Zuhören letztlich *nur* auf ein achtsames, geduldiges **Aushalten** des Partners hinausläuft. Eine wahrlich anspruchsvolle Aufgabe.

In sehr komplizierten oder gefühlsintensiven Situationen könnte ich als Zuhörender in Abstimmung mit dem Partner noch aktiver werden. Dazu einige Methoden, die das Verstehen und Mitfühlen fördern:

(1) *Aktives Zuhören:*

Mit dieser Methode stelle ich als Zuhörender sicher, den Partner wirklich verstanden zu haben.
– A sagt etwas zu B.
– B hört zu und wiederholt A's Äußerungen mit eigenen Worten.
– A meldet zurück, ob er sich ausreichend verstanden fühlt.

(2) *Emotionen überprüfen:*

Ähnlich wie beim aktiven Zuhören, wiederholt B mit eigenen Worten, was A sagte, allerdings ganz auf das *Emotionale* bezogen – Wünsche, Stimmungen, Gefühle.

- A (Sie): „Nach dem Tag mit den Kindern bin ich ziemlich müde. Und dann geht mir auch mein früherer Beruf ab, in dem ich viel Anerkennung fand, anders als jetzt, als Hausfrau."
- B (Er) wiederholt: „Ich hab' gehört, dass du müde bist und dich ärgerst, im Augenblick nicht in deinem Beruf arbeiten zu können."
- A korrigiert: „Nein, Ärger ist es nicht. Ich bin eher unzufrieden, sogar ein bisschen traurig, dass ich meine Fähigkeiten nicht nutzen kann."

(3) „Matching" oder Verhalten kopieren

Bei dieser Methode kommt der Zuhörende nicht über das Verstehen der Gefühle des anderen zum Mitfühlen, sondern durch ein dezentes, nur angedeutetes Nachahmen der Körperreaktionen des Redenden (Mimik, Gestik, Körperhaltung…). Er schlüpft sozusagen in dessen Haut und kann ihn auch ohne Worte verstehen (vgl. S. 169 ff.).

(4) „Ent-Etikettieren" und zum Grundgefühl leiten (vgl. S. 147 ff.)

Wie schon betont, schwingt der Zuhörende besser nicht auf der Ebene der negativen Gefühle mit (gemeinsames Schimpfen). Sobald wie möglich hilft er dem Partner, davon wegzukommen, hin zu seinem Grundgefühl, um dann damit mitzufühlen und mitzuleiden. Der Weg dahin führt ebenfalls über eine intensive Wahrnehmung der Körperreaktion des Redenden. Insgesamt achtet der Zuhörer weniger auf die Gesprächsinhalte als auf die Befindlichkeit des Partners.

- A kommt vom Arzt nach Hause, ganz aufgebracht: „Stell' dir vor, was der Dr. X gesagt hat: ‚Gratulation, Sie sind gar nicht krank, das Labor hat eine Fehldiagnose erstellt'. Also, so kann man doch nicht mit Patienten umgehen."
- B schimpft nicht mit („Diese blöden Ärzte"), sondern hält das zunächst aus. Er bewertet auch nicht. („Sei doch froh, dass es einen guten Ausgang nahm.") Er konzentriert sich auf A's Körperreaktionen und nimmt wahr, dass der am ganzen Köper zittert. Nach einiger Zeit geht er darauf ein: „Du wirkst ja ganz durcheinander und erschöpft."
- A: „Nach den vielen Wochen voller Angst bin ich fix und fertig."
- B sieht A's Augen feucht werden und fragt: „Bist du auch traurig?"
- A nickt, wischt sich eine Träne aus dem Auge und sagt: „Ich versteh' das nicht, eigentlich sollte ich mich ja freuen …"
- B: „Es ist schon in Ordnung, dass du erschöpft und traurig bist."
- A fängt zu weinen an und kuschelt sich an B, der A liebevoll in den Arm nimmt.

*Kommentar:* Der Zuhörende hat dem Partner geholfen, von seiner aufgesetzten Wut und den Beschuldigungen allmählich zu seinem Grundgefühl von Erschöpft- und Traurigsein zu gelangen.

Auf dieser Ebene verbündet er sich mit dem Partner, schwingt und fühlt mit. So kann allmählich dessen Lebensenergie wieder ins Fließen kommen, Erschöpfung in Kraft übergehen.

Dies gelingt jedoch oft nicht. Manchmal will jemand bei seinem Hadern oder seinen aggressiven Beschuldigungen bleiben, um sich seinem zugrunde liegenden Schmerz nicht stellen zu müssen. Dies gilt es zu respektieren.

Vor über vierzig Jahren verwickelte mich ein mittlerweile verstorbener Freund immer wieder in Diskussionen über die damals häufig anzutreffenden Hippies. In bitteren Worten – nur scheinbar rational – rechnete er mir immer wieder vor, welch hohe Kosten diese Leute uns „Normalbürgern" verursachen würden. Bald dämmerte mir, dass mein Freund letztlich seiner eigenen verlorenen Jugend – er musste mit sechzehn Jahren in den Krieg – nachtrauerte und unbewusst den Hippies nicht gönnte, in ihrer Jugend das Leben genießen zu können. Wenn ich darauf zu sprechen kam, wies mein Freund solche Gedanken empört zurück. So ließ ich ihm schließlich sein Schimpfen – nicht ohne bald das Thema zu wechseln, um nicht in eine negative Energie hineingezogen zu werden.

### Abschluss

Am Ende des Gesprächs überprüfen beide, ob es zufriedenstellend verlief und ob noch etwas offen bleibt. Vor allem braucht der Zuhörende eine Rückmeldung, ob der andere sich verstanden und achtsam behandelt fühlte.

Für den normalen Alltag einer Partnerbeziehung besonders wertvoll ist das sog. **Zwiegespräch.**

Das von M. L. Moeller beschriebene Ritual, das einmal wöchentlich stattfinden sollte, stellt einen „Austausch von Selbstportraits"[57] dar. Jeder schildert dem Partner etwa eine halbe Stunde lang, wie es ihm zur Zeit geht und welche Themen ihn beschäftigen. Der Zuhörende darf nur in Ausnahmefällen nachfragen. Dann werden die Rollen gewechselt. Eine solche „Arbeit für die Liebe" lohnt sich.

Zusammenfassend: Wenn sogar in der Verkaufsschulung für Vertreter betont wird, „niemand sei überzeugender als ein guter Zuhörer", mit viel mehr Recht lässt sich dann in einer Partnerschaft behaupten: *Niemand ist liebevoller als ein guter Zuhörer.*

Denn wenn man dem Partner Geduld und Achtsamkeit entgegenbringt, macht man ihm ein großes Geschenk: Zuhören ist eine Form der Liebe.

> Ich werde dich nicht nach deinen
> Worten und Taten bewerten. Aber
> ich werde diese Worte und Taten
> bewerten, wie es dir gemäß ist.
> A. de Saint-Exupéry

## 8. Ich gebe meinen Senf dazu – auf Wunsch Rückmeldungen

*Wer hat nicht seine blinden Flecken? Um sich selbst in seiner Wirkung auf andere sehen zu können, benötigt man einen Spiegel. Wenn gewünscht, kann ich dies für den Partner sein. Meine Rückmeldung kann anerkennend oder kritisch ausfallen. Doch auch Konfrontation schließt grundsätzliche Wertschätzung des Partners nicht aus. Über geduldiges Zuhören hinaus ist sie ein unschätzbarer Freundschaftsdienst.*

### Kritische Rückmeldungen

Zumindest in diesem Fall sollte ich dazu einen Auftrag haben. Der kann vom Partner *ausdrücklich* gegeben sein („Sag' mir bitte, wie du mich erlebt hast") oder bloß *vermutet* werden, denn gute Freunde wünschen sich das voneinander, was nicht ausschließt, es im Einzelfall nochmals zu überprüfen: „Ich würde dir gerne sagen, wie ich dich heute erlebt hatte. Willst du das hören?"

Manchmal lautet der Auftrag auch: „Wie meinst du, sieht mich X und wie Y?" Dann gilt es, sich als Angesprochener erst in diese Personen hineinzuversetzen, um dann von deren Warte aus dem Freund Rückmeldung zu geben.

An einem Beispiel möchte ich aufzeigen, wie fragwürdige und wie konstruktive Rückmeldungen aussehen.

Ein Paar war auf einer Geburtstagsfeier eingeladen. *Er* war dort extrem gesprächig, ganz gegen seine Gewohnheit. *Sie* war von seinem Verhalten unangenehm berührt und möchte es ansprechen.

| Variante 1<br>**Destruktive Rückmeldg.** | Variante 2<br>**Konstruktive Rückmeldung** |
| --- | --- |
| **Kein Auftrag**<br>Anspruch auf **absolute** Wahrheit:<br>„Ich sage dir, *wie du* auf der Feier *warst.*" | **Auftrag** wird **eingeholt.**<br>Sie redet nur von ihrer **subjektiven Wahrnehmung:**<br>„Ist es für dich okay, wenn ich dir sage, wie *ich* dich auf der Feier *erlebt* habe?" |
| Bewertung der **Person:**<br>„Du warst eine *Nervensäge.*" | Beurteilung des **Verhaltens:**<br>„… weil du am meisten von allen *geredet* hast." |
| **Analyse:** „Das hast du von deinem Vater …" | **Eigene Gefühle mitteilen:** „Mir war's, ehrlich gesagt, peinlich." |
| **Interpretation:** „Du hast dich offensichtlich verantwortlich für die Stimmung gefühlt." | Weitere **Informationen:** „Mir fiel auch auf, dass du bei jeder Pause anfingst, sofort Witze zu erzählen."<br>(keine Interpretation) |
| Forderung nach **Veränderung bzw. Ratschlag.** „Du solltest dich schleunigst ändern." | Statt Forderung nach Veränderung oder Ratschlag entsteht ein **Gespräch:**<br>Er: „Danke, dass du mir das so ehrlich gesagt hast. Ich war mit mir auch nicht zufrieden. Das mit den Witzen: Ich fühl mich immer für eine gute Stimmung verantwortlich. Das war schon als Kind so. Ich will da was ändern." |
| **Du-Botschaften** auf der ganzen Linie | Weitgehend **Ich-Botschaften** |
| Der Partner wird sich hier gegen diese Art der Behandlung wehren und nicht bereit sein für Einsichten und Verhaltensänderung. | Der Partner kann durch kritische, aber wertschätzende Konfrontation zunehmend **Einsicht** in seine Verhaltensmuster gewinnen und sich in eigener Verantwortung **ändern.** |

Bei einer fair gegebenen kritischen Rückmeldung akzeptiere ich den Partner grundsätzlich als *Person*. Aber die Sorge, er könne Schaden erleiden, veranlasst mich, sein *Verhalten* kritisch unter die Lupe zu nehmen.

Ferner sind meine Aussagen **Ich-Botschaften**, weil ich von *meinen* Gefühlen und *meiner* Wahrnehmung rede. Dagegen braucht der andere sich nicht zu schützen, weil ich ja keinen Anspruch auf Richtigkeit erhebe. So kann er in Ruhe bei sich nachsehen und sein Verhalten besser verstehen lernen. Will er etwas ändern, stehe ich ihm weiterhin zur Verfügung.

### Anerkennende Rückmeldungen

Häufig bekam ich mit, wie Kollegen aus Kalifornien verwundert feststellten, wir Deutsche würden andere zu kritisch und negativ beurteilen. Vermutlich sind an der Pazifikküste lebende Amerikaner dem polynesischen Kulturkreis mit seinem heiteren Lebensgefühl gegenüber aufgeschlossener.

Also: Warum nicht – wenn's hierzulande schon nicht spontan geschieht – wenigstens einmal bewusst hinschauen, ob sich am Partner nicht doch etwas Positives finden lässt. Vielleicht kocht er gut, kann geschickt mit Kindern umgehen oder sieht gut aus.

Denn: „Ich bekomme keine Anerkennung von meinem Partner" ist eine Standardklage. Dass *Loben* auf der Ebene der Beziehung manipulierend und damit fragwürdig ist, wurde schon begründet. Auch hier ist es anstelle einer solchen Du-Botschaft partnerschaftlicher, mit einer *Ich-Botschaft* dem anderen zu bestätigen: „*Mir* schmeckt's bei dir.", „*Mir* gefällst du sehr.", „*Ich* bin begeistert …"

> Die Sprache ist die Quelle aller Missverständnisse.
> *A. de Saint-Exupéry*

## 9. Wie geht's?
## Was das alles heißen kann

*Überall in der Welt stellen sich Menschen bei einer Begegnung die gleiche Frage:*

*Wie geht's? Wie steht's?*
*Doch dieses Ritual trägt mehr zur Verwirrung als zur Nähe zwischen Menschen bei.*
*Denn meist ist nicht klar, wie diese Frage gemeint ist.*

Nur in wenigen Lebenssituationen ist der Grund meines Fragens klar, etwa am Bahnhof: „Wann kommt der Zug aus X an?" Offensichtlich will ich einen Freund abholen. Oder will ich doch selbst verreisen?

Bei der „Wie geht's"-Frage beginnt oft das große Rätselraten, was wohl dahinter steckt.

Abb. 13

Wie bei anderen präsentierten Fragen auch, lohnt es sich, das dahinter versteckte Bedürfnis herauszufinden, um richtig reagieren zu können.

Verwende ich das Ritual selbst, kann ich für mich klären, ob ich vage bleiben will oder nicht besser offen ausspreche, was ich vom anderen will.

Die folgenden Beispiele sollen die Selbstwahrnehmung fördern und in der konkreten Situation die Entscheidung erleichtern. Nicht immer ist Offensein ja sinnvoll.

**Was „Wie geht's" tatsächlich heißen kann:**

Während jemand etwas *sagt*, kann er heimlich etwas ganz anderes *denken*, das gewissermaßen in seiner Gedankenblase versteckt.

*Abb.14*

Einige Beispiele dafür, was ich hinter meiner „*Wie geht's?*-Frage
heimlich denken könnte:
- „Ich kenn dich kaum und möchte *möglichst schnell weiter.*"
  *Kommentar*: Warum eigentlich nicht so? Bei flüchtigen Bekannten
  muss ich nicht unbedingt offen sein.
- „Ich vermute, dass du dich über mich geärgert hast, weil ich nie an-
  rief. Doch ich getraue mich nicht, offen zu fragen. Vielleicht kann
  ich dich mit meiner Frage *versöhnlich stimmen.*"
  *Kommentar:* Risiko wird so zwar vermieden, aber die Chance, etwas
  Ungeklärtes offenzulegen, ist auch vertan. Ich muss weiter mit der
  Ungewissheit leben, was Kraft kostet.

*Varianten, die mehr zu einer Partnerbeziehung passen:*
- „Du bist mir ziemlich sympathisch und so hoffe ich, es geht dir gut.
  Da ich nicht allzuviel Zeit habe, möchte ich nicht zu tief in eventuelle Probleme verstrickt werden. Machen wir's also kurz!" *Kommentar*: Warum nicht offen: „Ich hab's eilig, weil …"? Dann fühlt
  der andere sich nicht weggeschoben.
- „Wir haben uns lange nicht gesehen und so bin ich neugierig, was bei dir
  in letzter Zeit alles geschehen ist. Gern möchte ich *an deinem Leben
  teilhaben.* Erzähl´ ein bisschen!" *Kommentar:* Warum nicht gleich
  deutlich: „Was war denn los die ganze Zeit bei dir? Ich bin neugierig."
- „Ich mag dich sehr. Deshalb möchte ich gerne wissen, was gerade in
  dir vorgeht, eben in diesem Moment. Bist du traurig oder glücklich?
  Auf jeden Fall möchte ich *dir nahe sein.*" *Kommentar:* Das offen zu
  sagen, wäre schon beinahe eine Liebeserklärung. Warum eigentlich
  nicht? Oder wäre das zu riskant?

Wie sonst auch vergrößert ein offenes Aussprechen meines
Wunsches anstelle der vagen „Wie geht's"-Frage die Chance,
ihn erfüllt zu bekommen. Als Zugabe: Ich komme dem anderen
näher.

# C) Das Selbstgespräch

Wem ist es nicht peinlich, beim lauten Reden mit sich selbst von andern ertappt zu werden? Dabei kann man auf diese Weise so einfach aus einem unproduktiven Grübeln und Sinnieren herauskommen, Gefühle und Gedanken wieder ordnen und kreativen Einfällen die Tür öffnen.

Was die Beziehung zu anderen Menschen angeht, behaupte ich sogar: *Nur wer gut mit sich selber reden kann, kann auch gut mit anderen reden.*

Das meiste, was eine partnerschaftliche Kommunikation ausmacht: offen, selbstbewusst, eindeutig, fair, müsste im Selbstgespräch, also im Umgang mit sich selbst eingeübt werden. Davon mehr auf den nächsten Seiten.

Doch *wer redet* da eigentlich beim Selbstgespräch? Dass das „Selbst" nicht etwas Einheitliches ist, sondern aus vielen Teilen, Stimmen, Elementen besteht, ist allgemein anerkannt. Übliche Bilder für diesen Sachverhalt sind:

Das Selbst ist etwa wie eine Bühne mit verschiedenen Schauspielern oder Musikern oder auch eine Art inneres Team.[58] Jeder der Akteure vertritt nun ein bestimmtes Anliegen, das der Gesamtpersönlichkeit dient: Da melden sich zu Wort Stimmen wie: Der „Vernünftige", der „Genießer", der „Macher", der „Faule" … Manche bestimmen als *Hauptdarsteller* das Geschehen, unterstützt oder auch bekämpft durch *Nebendarsteller*. Statisten und Randfiguren tummeln sich auf der inneren Bühne, und irgendwo in den Kulissen verstecken sich auch ein paar *unerwünschte* dunkle Gestalten. Ganz vorne könnte der Chef als Regisseur das Ganze im Griff haben … oder auch nicht.

Selbstgespräche sind demnach Dialoge zwischen sehr unterschiedlichen Figuren in sehr unterschiedlichen Szenen.

## 1. Mit mir selbst ins Reine kommen – für die eigene Weiterentwicklung … und die Beziehung

Eines der *größten Geschenke an meinen Partner:* Ein Mensch sein, der seinen Weg geht und dabei – trotz innerer Konflikte und

Krisen – immer wieder halbwegs mit sich ins Reine kommt. Dafür ist das Selbstgespräch eines der wichtigsten Werkzeuge.

In **Stresssituationen** müsste man nicht warten, bis sich soviel Spannung ansammelt, dass es zu einer unkontrollierbaren Explosion kommt. Südländer neigen dazu, ständig das Geschehen um sie herum zu kommentieren, was entspannend wirkt. Statt, wie in unseren Breiten eher üblich, nur gelegentlich Dampf abzulassen – im Fußballstadion, im Fasching –, könnte man sich für seinen Stress-Dampfkessel gewissermaßen ein Ventil einbauen.

In Südtirol wird ein noch nicht ausgegorener Most, der sog. „Federweiße" hergestellt, der über einen „Gärverschluss" verfügt. Durch ein kleines Loch kann der neu entstehende Druck ständig entweichen. – Das alteingesessenen Bayern nachgesagte „Granteln" – vergleichbar einem gutmütigen „Motzen" – hat eine ähnliche psychohygienische Funktion.

Eine solche Entlastung kommt nicht zuletzt dem Partner zugute, der so in einer Konfliktsituation immer über den Zustand meiner „Gärung" Bescheid weiß.

**Loslösung von den Eltern** wäre ein wichtiger Entwicklungsschritt, der zunächst zur Herausbildung eines „inneren Vaters" und einer „inneren Mutter" führt (vgl. S. 29). Neue, äußerst wichtige Figuren treten auf der inneren Bühne auf.

So könnte man Erfahrungen, die man mit seinen biologischen Eltern machte, bis zu einem gewissen Grad korrigieren.

Bei unserem Paar Peter und Gaby: *Peters* „innerer Vater" ist um einige Grade genussfähiger und toleranter als der biologische Vater. Und er sendet folglich auch andere Botschaften aus, wie: „Du bist auch in Ordnung, wenn du Angst hast." oder „Du darfst auch weich sein."

Mir scheint diese Form der Korrektur aber nur für eine gewisse Übergangszeit sinnvoll, weil sonst die Gefahr entsteht, ewig Kind zu bleiben und in klischeehafter Weise väterliche und mütterliche Eigenschaften festzulegen. Irgendwann sollten die inneren Eltern sich auflösen und einem „inneren Team" Platz machen.

Außerdem müsste nach diesem Kontrastmodell zu den biologischen Eltern eine *versöhnliche Ablösung* von ihnen erfolgen mit den Stationen: Verstehen der Eltern – Würdigen des Positiven – Versöhnung mit ihren Schwächen – klare Abgrenzung und Abschied.

*Bedeutung für die Paarbeziehung:*
Gelingt dieser Prozess, muss ich nicht meinen Partner in eine Vater- oder Mutterrolle drängen (Übertragungsliebe).

## Von „unnötigen" Programmen zu den Bedürfnissen

Ein Großteil unseres Alltagsverhaltens ist bestimmt durch unbewusste Programmierungen, die in der Kindheit erfolgten. Die meisten sind unter den veränderten Bedingungen des Erwachsenenlebens nicht länger sinnvoll. Zumindest sollte das überprüft werden.

• *Unnötige, unsinnige Programme:* Alle Einstellungen, Gewohnheiten, Strategien u. ä., die weder dem eigenen tieferen Bedürfnis entsprechen noch von der Situation her zwingend erforderlich sind. Programme dieser Art sind einengend und hindern am Leben.

– Unter Spannung in sich hineinfressen. – Bei Leid grundsätzlich anderen die alleinige Schuld geben – Sich auf keinen Fall schwach zeigen. – Um jeden Preis angepasst sein. – Der Anspruch, die Welt müsste so sein, wie man sie möchte. – Erlebnisse konservieren wollen, etwa durch Fotografieren u. ä. statt sich ihnen einfach hinzugeben.

Manche Fachleute sprechen von „*Irrationalen Ideen*"[59], andere verweisen auf die dahinterstehenden *Emotionen* (z. B. Ängste, mangelndes Selbstbewusstsein u. a.). Auch eine bestimmte *Grundeinstellung* zum Leben, wie die sog. „*Haben-Orientierung*" *(Erich Fromm)* gehört hierher.

• *Nötige und sinnvolle Programme: Frei gewählte und situationsgemäße Maßnahmen. Statt einzuengen, schaffen diese einen entlastenden Rahmen, innerhalb dessen sich Bedürfnisse und das „Sein" entfalten können:*
Vor Urlaubsantritt das Auto durchchecken, um sich dann unbeschwert der Reise widmen zu können. – Ausgefeilte Zeitpläne, um innerhalb dieses Rahmens sorgenfrei für das Erleben offen zu sein.

Aber auch grundsätzlich sinnvolle Pläne und Programme soll-ten nochmals zum Zeitpunkt ihrer Umsetzung überprüft werden, weil sich die Bedürfnislage oder die Situation geändert haben könnte.

Am Telefon verabrede ich mich mit einem Freund für zwei Stunden später vor einem Restaurant. Bei der Begegnung überprüfe ich zusammen mit ihm, ob wir gleich essen wollen oder vielleicht erst noch etwas Bewegung brauchen oder ganz was anderes. Denn die Vereinbarung erfolgte aus der Bedürfnislage heraus, die vor zwei Stunden herrschte.

**Überprüfung der Programme** erfolgt über die bereits geschilderte Ent-Etikettierung (vgl. S. 147 ff.)

- 1. „Ich **nehme wahr, ich denke, ich *sollte*** … X tun"
- 2. Ich spüre in meinem **Körper, ich *brauche*** … Y

In der ersten Zeit des Schreibens an diesem Buch rauchte ich täglich zwischen fünf und sieben Pfeifen. Dann begann ich jedes Mal vor dem Anzünden die Überprüfung. Es ergab sich, dass höchstens eine der beabsichtigten Pfeifen tatsächlich meinem Bedürfnis entsprach (Genussrauchen).

In allen übrigen Fällen signalisierte mir der Körper, dass er etwas anderes brauchte. Erste Wahl war manchmal ein verwöhnendes warmes Bad, manchmal Bewegung in frischer Luft, manchmal eine Entspannungspause. Das Programm „Pfeife rauchen" war also weitgehend eine fragwürdige Angewohnheit, die der Spannungsreduktion oder der Verwöhnung diente. Es liegt nahe, dass es ein Nachfolgeprogramm für den frühkindlichen Schnuller ist, den Mütter gerne bei ihren Babys als Universaltröster einsetzen.

Habe ich die eigenen Bedürfnisse entdeckt, ist der Weg frei für einen reifen Dialog in meinem Innern, der zu einer verantwortlichen Entscheidung führt: *Ich bin mein eigener Chef.*

**Was *möchte* ich, was *sollte* ich, was *will* ich?**

*Fremdgesteuert bin ich, wenn* ich entweder wie selbstverständlich das tue, was andere von mir verlangen, oder automatisch – ohne Überprüfung – den von Autoritäten übernommenen und verinnerlichten Programmen folge.

*Selbststeuerung* geschieht, wenn ich in einem inneren Dialog zwischen Bedürfnis und Vernunft zu einer ausgereiften Entscheidung gelange. Dabei ist der innere Chef – in etwa dem Freud'schen *Ich* entsprechend – derjenige, der den Dialog überwacht, für einen fairen Ablauf sorgt, das Ergebnis zusammenfasst und im Namen der Gesamtperson verkündet: „Ich **will ...**", um dann schließlich für entsprechendes Handeln zu sorgen.

Wesentliche Aufgabe des Chefs ist es, ständig *äußere Einflussnahmen* sowie die genannten *verinnerlichten Programme kritisch zu überprüfen.*

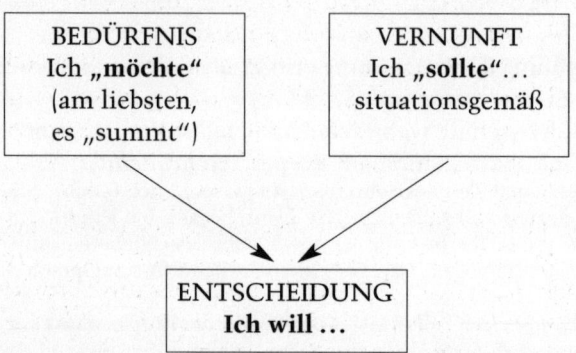

```
┌────────────────────┐      ┌────────────────────┐
│     BEDÜRFNIS      │      │     VERNUNFT       │
│   Ich „möchte"     │      │   Ich „sollte"...  │
│   (am liebsten,    │      │  situationsgemäß   │
│    es „summt")     │      │                    │
└────────────────────┘      └────────────────────┘
             ↘                    ↙
           ┌──────────────────────┐
           │    ENTSCHEIDUNG      │
           │     Ich will ...     │
           └──────────────────────┘
```

Beispiel: Ich gehe mit dem Partner in ein Restaurant. Was essen?
- Äußere Einflüsse „winken": Der Kellner empfiehlt die Ente. Der Partner möchte einen Grillteller mit mir teilen.
- Verinnerlichtes Programm: Ich bin nahe dran, ein Menü zu bestellen, weil es „preiswert" ist. (Die Stimme der Mutter klingt durch). Mein Chef-Ich stoppt die vielen bisherigen Stimmen und nimmt sich Zeit für einen inneren Dialog zwischen Bedürfnis und Vernunft:
- *Bedürfnis:* „Am liebsten **möchte** ich Schweineleber essen."
- *Vernunft:* „Ich **sollte** Salat oder Gemüse bestellen, wegen der Gesundheit".
  Die beiden – gleich starken – Seiten beginnen miteinander zu feilschen.
  Schließlich kommt es heute zu folgender Lösung – ein Kompromiss:
- „Ich **will**: „Kleine Portion Leber ohne Kartoffeln, großer Salat" (zwei Wochen später könnte eine ganz andere Entscheidung fallen).

Grundsätzlich kümmert sich das Chef-Ich auch darum, dass langfristig eine gute Balance zwischen verschiedenen Seiten der Persönlichkeit entsteht. Das kann je nach Entwicklungstand Unterschiedliches bedeuten:

Im Restaurant: Bei *Peter* würde das Chef-Ich die überentwickelte Vernunftseite um Verständnis bitten, der genießerischen Bedürfnis-Seite mehr Raum zu lassen. Konkrete Entscheidung: Eine normale Portion Leber statt der sonst üblichen „übervernünftigen" Salatesserei.

*Gabys* Chef-Ich dagegen müsste selbst erst mehr Statur gewinnen, weil es bisher zu wenig ausgeprägt war. Es würde sich gegen eine übermächtige „Genießerin" behaupten lernen müssen, um der unterentwickelten Vernunftseite mehr Entfaltungsmöglichkeiten einzuräumen. So könnte tatsächlich eine Riesensalatschüssel fällig sein.

In unserer Gesellschaft wird Selbstdisziplin so verstanden, dass da ein „innerer Schweinehund" zu bekämpfen sei.

Ganz im Gegensatz dazu verstehe ich unter **Selbstdisziplin** den geschilderten geduldigen inneren Dialog zwischen verschiedenen inneren Seiten: einer „müden" oder „genießerischen" Seite und der Vernunftstimme, die gute Gründe für Anstrengung und Verzicht anführt. Sie versucht dazu zu motivieren, indem sie die positiven Folgen der Disziplin und die negativen Folgen des Unterlassens ausmalt. „Wenn ich x tue, dann y …" Das Chef-Ich vermittelt und trägt zu einer sinnvollen Entscheidung bei. Gelegentlich aber gibt es einer etwas schwerfälligen Seite auch einen **liebevollen** Schubs.

## Innere Konflikte austragen

Nicht immer geht es nur um den Widerspruch zwischen Bedürfnis und Vernunft. Auch andere Seiten mischen häufig mit. Rein technisch könnte man solche inneren Dialoge effektiv austragen, indem man in der Vorstellung die unterschiedlichen Seiten auf verschiedene Stühle setzt und sie von dort aus miteinander reden lässt.[60] Das könnte dann etwa so ablaufen:
Ausgangslage: Ich schicke mich an zu joggen, bin aber zwiespältig.
Überprüfung, ob Programm: „Ich nehme wahr, ich denke, ich **müsste** …"
Körper sagt: „Ich bin müde, **möchte** mich ausruhen."
Vernunft kommt hinzu: „Ich **sollte** an die Luft, das wäre gesund."
1. ARRANGEMENT:
Jede Seite bekommt einen Stuhl: Die Vernunft (einen harten Küchenstuhl), das „Bedürfnis" (einen Schaukelstuhl), das „Programm" und – in einigem Abstand – der Chef (das Ich).
2. BEGRÜSSUNG:
Jede Seite steht vor dem jeweiligen Stuhl und stellt sich vor: „Ich bin die Vernunft …" usw.

### 3. BEZIEHHUNGSKLÄRUNG:

Auf jedem Stuhl sagt jede Seite, wie es ihr grundsätzlich geht in der Beziehung zu den anderen Persönlichkeitsteilen. Jede Seite fängt spontan zu reden an, z. B. so:

- „Programm" zum Chef: „Wir joggen doch jeden Tag, so wie es mein Vater gemacht hat. Warum auf einmal eine Besprechung?"
- Chef: „Ich möchte künftig vor jeder Aktion klären, ob auch die anderen Seiten damit einverstanden sind, z. B. die Bedürfnisseite oder die Vernunft."
- Bedürfnis: „Ich finde, dass ich überhaupt nie gefragt werde."
- Vernunft: „Ich habe vor, künftig genauer hinzuschauen, ob die Sportprogramme in der konkreten Situation Sinn machen."

### 4. KONKRETEN KONFLIKT BESPRECHEN:

Sich über die aktuellen Wünsche und Gefühle austauschen im Zusammenhang mit dem Ausgangskonflikt, etwa so:

- Bedürfnis: „Ich **möchte** endlich mal zum Zug kommen, ausruhen."
- Vernunft: „Wenn man so müde ist, **sollte** man sich vorher hinlegen."

### 5. ENTSCHEIDUNG DURCH CHEF:

„**Ich will** mich jetzt erst hinlegen und dann nochmals überprüfen, ob heute das volle Joggingprogramm erfüllt werden soll." Ferner als Zukunftsperspektive: „**Ich will** künftig dem *Bedürfnis* mehr Raum geben und die alten *Programme* mit Hilfe der Vernunft kritisch überprüfen."

*Bedeutung für die Paarbeziehung:*

Es ist keine Schande, zeitweise innerlich im Widerstreit zu liegen. Allerdings sollte man das nicht auf dem Rücken des Partners austragen. Wenn ich durch innere Dialoge wieder mit mir ins Reine komme, macht mich das im Umgang mit dem anderen ausgeglichener und klarer.

## 2. Mit mir selber reden – auch für dich
### Das Selbstgespräch im Dienst der Partnerschaft

### Vorbereitung geplanter Gespräche

Wer schreibt nicht immer wieder mal Briefe, die er dann doch nicht abschickt. Sie haben inzwischen ihre Schuldigkeit getan.

Ähnlich ist es auch mit fiktiven Gesprächen, die man in einer Konfliktsituation mit dem gerade abwesenden Partner führt. Dabei darf man Dinge sagen, die man in der Realität lieber lässt. Im lauten Probegespräch ist alles erlaubt.

Ich darf hier den andern genüsslich beschimpfen, ihm die gemeinsten Verwünschungen an den Kopf werfen, selber staunen, zu welcher Boshaftigkeit ich fähig wäre. In der – laut dargestellten – Fantasie ist alles erlaubt. Die beste Garantie dafür, dass man es in der Realität dann doch unterlässt, besteht darin, es sich probeweise zu gestatten:

*Wer weiß, dass er ein Narr ist, ist kein großer Narr.*

Noch ein bisschen weniger Narr, fast schon weise, wäre man, wenn man wieder zu seinem Grundgefühl zurückfände.

### Ersatz für Gespräche, die in der Realität nicht möglich sind

Ein Dialog nach dem Beispiel des oben geschilderten Rituals mit zwei Stühlen wäre sinnvoll, wenn:
- der Partner im Augenblick nicht verfügbar ist,
- der Gesprächspartner nicht bereit zu einem Gespräch ist oder dazu nicht in der Lage (z. B. bei Feindschaften),
- der Gesprächspartner bereits tot ist (etwa Versöhnung mit verstorbenen Eltern).

Wenn der erste Schritt – zu seinem Grundgefühl kommen – getan ist, wäre nach dem Abklingen meiner Gefühle und aus einem gewissen Abstand heraus der zweite Schritt möglich: den anderen besser verstehen lernen, indem man **sich in ihn hineinversetzt.**

Man könnte wieder mit zwei Stühlen arbeiten: den Konfliktgegner auf den einen, sich selbst auf den anderen Stuhl setzen. Eine Alternative wäre, sich auf eine *Fantasiereise* in dessen Lebensbereich zu begeben und gewissermaßen in seine Haut zu schlüpfen, um dann mit seinen Augen den Konflikt zu betrachten.

Einer meiner Nachbarn an einem früheren Wohnort nörgelte ständig an meinen kleinen Kindern herum, was mich beträchtlich störte. Eines Tages entschloss ich mich, meinen Nachbarn besser verstehen zu wollen, und so zog ich mich für eine Stunde in mein Zimmer zurück, um die erwähnte Fantasiereise anzutreten: von meiner Wohnung in seinen Garten, in das Haus hinein. Dabei kopierte ich in der Vorstellung Körperhaltung, Mimik und Stimme des Nachbarn. Schließlich war ich so weit, dass es mir möglich war, durch seine Brille meine Situation anzuschauen: Die Wohnung – meine Wohnung – auf der anderen Straßenseite, mich selber mit den Kindern und weitere Einzelheiten. Es gelang mir, mich so intensiv mit dem Nachbarn zu identifizieren, dass ich ein Wechselbad der Gefühle erlebte: etwa traurige Gefühle, was seine Gesundheit betraf; Neidgefühle angesichts meiner eigenen Situation. Mit einem Male konnte ich den Hintergrund seiner Unzufriedenheit und Gereiztheit begreifen. – Als ich am nächsten Tag meinem Nachbar wieder am Zaun begegnete, konnte ich völlig gelassen auf seine kritischen Bemerkungen reagieren. Zwar ließ ich mir nicht alles gefallen, nach dem Motto „Alles verstehen heißt nicht alles mitspielen", aber trotzdem kam es durch mein lockeres Verhalten nicht mehr zu den sonst üblichen Wortgefechten. Nach wenigen Tagen gab dann mein Nachbar seine Attacken ganz auf.

### Den inneren Konflikt vor dem Partner austragen

Beherrscht man das Selbstgespräch, wäre eine elegante und Vertrautheit schaffende Möglichkeit, *vor dem Partner* seine Zwiespältigkeit anzusprechen und auszutragen (vgl. S. 175 ff.). Der bekommt gewissermaßen live mit, wie es auf meiner inneren Bühne aussieht, welche verschiedenen widersprüchlichen Seiten es gibt und wie ich – hoffentlich gut – mit mir selber umgehe.

# D) Das faire Streitgespräch

Genau genommen ist Streiten ein Miteinander-Reden unter erschwerten Bedingungen eines Konflikts.

Allerdings müsste – ähnlich wie beim Autofahren, wo auf nasser und eisiger Fahrbahn neben normaler Fahrkunst noch zusätzliche Techniken gefragt sind – auch hier noch etwas hinzukommen: Die *Kunst des fairen Streitens.*

Auch hier gilt: Sie ist mehr als nur Technik, ist Ausdruck einer bestimmten Lebenseinstellung: Auf seinen eigenen Beinen stehen und *für* seine Belange *kämpfen.* Wenn man sich im Konflikt *auseinandersetzt*, ist nicht sicher, ob und wann man sich anschließend wieder *zusammensetzen* kann; denn es ist nicht völlig auszuschließen, dass man auch auseinander*geht*, im Kleinen wie im Großen.

Andererseits, wie vermag man *zusammenzufinden*, wenn man sich nicht vorher ein Stück voneinander entfernt hat?

So wird meist über einen fairen Streit neue Harmonie entstehen. Was der Anfang vom Ende sein kann, könnte auch der

*Anfang eines neuen Anfangs* sein. Wie immer: Risiko und Chance nahe beisammen!

Der Notwendigkeit, Konflikte *offen* auszutragen, kann man sich heutzutage nicht mehr entziehen, weil unsere Gesellschaft zu wenig fertige Regelungen und Lösungen bereithält, im Gegensatz zu anderen Kulturen – etwa in Japan. Also bleibt den Partnern nichts anderes übrig, als das Konfliktlösen in die eigene Hand zu nehmen und dafür *Streiten zu lernen*.[61]

Dabei ist ein Unter-den-Teppich-Kehren genau so gefährlich wie wildes, unfaires Streiten.

Neulich kamen zwei Paare hintereinander in die Eheberatung. In beiden Fällen begann einer mit mir das Gespräch mit folgenden – auf den Partner gemünzten – Worten: „Ich liebe ihn nicht mehr und möchte mich trennen." Doch die Begründung dafür war jeweils eine andere:
– Bei Paar A war es: „Wir leben seit Jahren nebeneinander her. *Nicht* einmal *gestritten* haben wir mehr."
– Bei Paar B umgekehrt: „Wir halten den *Dauerstreit* nicht mehr aus."

Eine blühende Landschaft ist durch zweierlei gefährdet: Einmal durch Dürre und zum anderen durch Überflutung. Auch Liebe kann entweder durch Schweigen austrocknen oder durch eine Flut von Abwertungen hinweggeschwemmt werden.

Faires Streiten läge zwischen diesen Extremen: Zum einen – einem Fluss gleich, der lebensspendendes Wasser führt – ist man intensiv in Kontakt miteinander. Zum andern sorgt der faire Ablauf dafür, dass es nicht zu Zerstörungen kommt. Trotzdem sollte man ein guter Schwimmer sein, falls man in einen Strudel gerät. Denn Pannen sind nicht ganz auszuschließen. Außerdem kann neue Harmonie schon ein bisschen auf sich warten lassen.

*Faires Streiten erfordert zwei eigenständige Partner, die zur Not getrennte Wege gehen könnten, aber jede Chance nutzen, immer wieder neu zusammenzufinden.*

## 1. Feilschen wie im Bazar – offenes und faires Aushandeln

Im Alltag des Zusammenlebens ist ständig mit Konflikten zu rechnen, damit, dass unterschiedliche Bedürfnisse der Partner aufeinandertreffen.

- *Situationsabhängige* Bedürfnisse
  Der eine braucht Bewegung, der andere Schlaf u. ä.

- *Gewohnheiten, Interessen, Werte* u. ä.
  Der eine fährt gerne in die Berge, der andere ans Meer.

- *Temperament, Lebensgefühl, Lebensstrategie …*
  Der eine ist spontan, der andere zurückhaltend.

- *Rollenvorstellungen in der Beziehung*
  Der eine will bestimmen, der andere will es partnerschaftlich.

Bei Auseinandersetzungen im Alltag beginnt man erst mit dem Aushandeln. Jeder denkt bei sich: „Mal sehen, was ich herausholen kann." Doch nicht immer ist ein Kompromiss sinnvoll.

- *Kompromissfähige Konflikte* bedeuten: Die Bedürfnisse der Partner sind nicht so grundsätzlich, als dass man nicht auf manches verzichten oder sich auch zu etwas durchringen könnte, ohne dass die Gefühle füreinander leiden. So macht man mit dem Aushandeln und Feilschen weiter, bis zu einem **Kompromiss**.
  Beispiele: Zugeständnisse im Teambereich (Haushalt, Besorgungen) – Auch Liebesdienste, zu denen man sich aufrafft (z. B. Zuhören, Massieren), solange man sich nicht gefühlsmäßig sperrt.

- *Nichtkompromissfähige Konflikte:* Bei wesentlichen Bedürfnissen entstehen, wenn man sich zu etwas zwingt, Gefühle des Widerwillens. Darunter leidet auch der Partner. So sollte die Lösung der **kleinste gemeinsame Nenner** sein, bei dem zwar Frust unvermeidlich ist (Verzicht), aber wenigstens keine Gefühle leiden (weil man sich zwingt). Man hört zu feilschen auf, stimmt sich ab auf das, was geht.
  Beispiele: Sex: Einer möchte, der andere nicht. Zumutbar ist Verzicht, nicht aber erzwungene Nähe. – Gemeinsame Unternehmungen: Nur solange es für beide stimmt. Bevor Krampf und Unlust entstehen, zeitweise auseinandergehen, statt den anderen zu überreden.

Ganz gleich, ob man feilschend auf einen Kompromiss zusteuert oder sich nach einiger Zeit auf den kleineren gemeinsamen Nenner einstimmt: Vom Stil her *bekämpft* man sich nicht oder wertet sich gegenseitig ab (Du-Botschaften), sondern bleibt bei sich, *„kämpft" für sich* (Ich-Botschaften).

Im Bazar: Kein Händler wird den Kunden als Geizhals beschimpfen, weil er den verlangten Betrag nicht zahlt, sondern beteuern: „Ich mache pleite, wenn ich weniger bekomme." Umgekehrt wird der Kunde den Händler ebenso wenig „raffgierig" nennen, sondern jammern: „Ich bin ein armer Mann, zehn Kinder zuhause, verdiene fast nichts, kann höchstens die Hälfte zahlen." Obwohl in diesem spannenden Spiel jeder so viel wie möglich für sich herauszuschlagen versucht, achtet man doch darauf, sowohl die eigene Selbstachtung als auch die des Kontrahenten nicht zu beschädigen. Im orientalischen Bazar ist gegenseitiger Respekt mindestens so wichtig wie der verhandelte Geldbetrag.

*Abb. 16: Faires Feilschen*

Das Gleiche gilt auch für Alltagskonflikte in einer Partnerschaft. In einem Beispiel werden drei Varianten vorgestellt:
*Franz und Marietta Samstag früh.*
Er, am Fenster: „Das wird ein toller Tag."
Sie liegt noch im Bett und dreht sich auf die andere Seite.

1. Variante: *Traditionelle gegenseitige Anpassung:* „**Wir?**"
*Franz* verkneift sich sein Bedürfnis und fragt: „Was, meinst du, könnten *wir* heute machen?" *Marietta* murmelt gähnend: „Vielleicht könnten *wir* später etwas spazieren gehen." Und so kommen die beiden bestenfalls über ein fades „Wir" nicht hinaus.

2. Variante:: *Schlechter Streit* (**Du**-Botschaften, zum Teil verdeckt)
*Franz*, abschätzig: „Wie kann man denn bei einem solch schönen Wetter faul im Bett liegen?"
*Marietta*, ärgerlich: „*Du* bist vielleicht ein Hektiker, nicht einmal am Wochenende kannst du's etwas gemütlicher angehen."
*Kommentar:* Durch gegenseitige Abwertungen gelangen beide auf ein schlechtes Geleise. Aus diesem Tag wird nichts mehr. Absturzgefahr!

Je eher man merkt, schlecht unterwegs zu sein, desto leichter gelingt eine **Korrektur.**

„Es tut mir Leid, dass ich dich so angefaucht habe" Also: Kommando zurück:" Ich bin so unruhig und halte es zu Hause nicht mehr aus."

Jetzt hätte man eine zweite Chance, doch noch gut miteinander ins Gespräch zu kommen, indem man seine Bedürfnisse offen und eindeutig anmeldet:

3. Variante *„Faires Streiten – faires Feilschen"* durch **Ich**-Botschaften.
*Franz:* „Das wird ein wunderbarer Tag. *Ich brauch'* so dringend Bewegung. Am liebsten würde *ich* sofort losfahren in die Berge."
*Marietta*, gähnend: „Wenigstens am Wochenende *möchte ich* etwas ausschlafen."

Nun wären die Weichen gestellt in Richtung weiteres Aushandeln. Beide sind und bleiben im Gespräch und werden sicher eine gute Lösung finden.

*Abb. 17*

*Im Konflikt die Weichen auf das Ich-Botschafts-Geleise stellen.*
*Die Chance, gemeinsame eine gute Lösung zu finden, ist dann groß.*

Nach einiger Zeit kommen sie zu einem Ergebnis. Etwa so:

Er joggt erst alleine, anschließend gemeinsames Frühstück. Dann zusammen in die Berge. Sie nimmt die Seilbahn, er geht zu Fuß.

Oder: Er fährt gleich los, sie kommt mittags nach. Später: Nach einer gemeinsamen Wanderung an den Badesee …

Die beiden sind auch zwischendurch flexibel genug, immer wieder neu nach für beide stimmigen Lösungen zu suchen (vgl. S. 69 f.).

Statt *fadem „Wir"* oder *gekränktem Auseinandergehen* ein **stimmiges, lebendiges und flexibles „Wir"** als Folge fairen Aushandelns. Zwar weniger an Zeit, aber mehr an *Qualität*. Die Energie fließt.

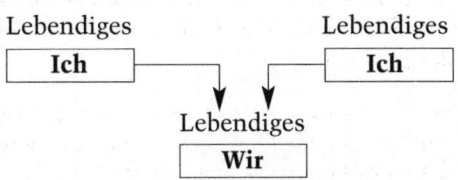

Auf diesem Weg des Aushandelns einer aktuellen Konfliktsituation könnte man übersehen, dass sich hinter dem vordergründigen Thema „Wie den Samstag verbringen" möglicherweise ein tieferes Beziehungsthema verbirgt, ein **Hintergrundkonflikt** (vgl. S. 57 f. und 137).

*Marietta:* „Ich merke, es geht mir noch um etwas anderes, Grundsätzliches: Ich habe mittlerweile ganz andere Vorstellungen davon, *wie viel Gemeinsamkeit* sein soll. Ich brauche mehr Zeit für mich alleine."
Oder:
*Franz:* „Ich möchte aus der *Rolle* heraus, die alleinige Verantwortung für gemeinsame Unternehmungen zu übernehmen."

Ein weiterer Punkt wäre zu beachten: Inwieweit spielt unbemerkt in den Partnerkonflikt ein **innerer Konflikt** bei einem oder beiden hinein? Der gehört auf den Tisch!

Angenommen, Franz steht am Fenster, und ein Hauptdarsteller seiner inneren Bühne, der „Macher", der grundsätzlich jede freie Minute in die Berge will, erfährt zaghaften Widerspruch durch eine andere innere Stimme, den „Gemütlichen". Diese noch unentwickelte Seite entdeckt am Horizont ein paar dunkle Wolken und wittert – sich heimlich mit der „faulen" Marietta verbündend – ihre Chance: „Das Wetter schlägt bestimmt um, da könnte ich doch zu Hause bleiben und ausschlafen." Ein innerer Konflikt.

– *Schlechter Umgang damit:* Ohne Gegenwehr fügt sich heute der „Macher" und so legt Franz – vom „Gemütlichen" überredet – sich wieder ins Bett. Zwei Stunden später: Franz steht erneut am Fenster, strahlender Sonnenschein. Der „Macher" ist sauer wegen der verpassten Chance. Was liegt näher, als Marietta die Schuld zu geben, seinen faulen Anteil auf sie zu projizieren und die Partnerin anzuklagen: „Wegen *dir* komme ich nie aus den Federn." So wird Franz' innerer Konflikt an der falschen Stelle ausgetragen.

– Angemessener wäre: Franz *klärt* entweder erst für sich diesen *inneren Konflikt* oder *legt* ihn vor dem Partner *offen:*
„Ehrlich gesagt, ich weiß selber noch nicht genau, was ich will. Einerseits möchte ich wie üblich gleich losziehen. Andererseits will ich es mir auch mal gemütlich machen." Sollte er jetzt, ohne sich selbst zu überreden oder sich von der Partnerin überreden zu lassen, zur Entscheidung kommen: „Heute will ich zu Hause bleiben", dann *übernimmt er die Verantwortung für diese Entscheidung.* Ist er später damit unzufrieden, wird er nicht Marietta die Schuld daran geben, sondern vor der eigenen Türe kehren.

Beim Aushandeln ist neben dem *Thema* zu berücksichtigen:

♦ Einen **fairen Stil** zu praktizieren ( Ich-Botschaft).
♦ Eventuelle **Hintergrundkonflikte** anzusprechen.
♦ **Innere Konflikte** gleichzeitig offenzulegen.

## 2. Wie man eine Sektflasche öffnet – gut mit Ärger umgehen

Ärgere ich mich über den Partner, läuft irgendetwas schief.
Der Partner kommt zur Türe herein und redet auf mich ein, während ich Zeitung lese. Nach einiger Zeit explodiere ich: „Verdammt, kann man nicht einmal in Ruhe Zeitung lesen." Ein Wort gibt jetzt das andere.

Abgesehen davon, dass der andere das Anklopfen vergaß, habe ich selbst zu lange gewartet und Spannung angehäuft.
Bei sich selbst den erwähnten Gärverschluss installiert zu haben, hieße: Ich reagiere sofort, lasse nicht zu, dass sich Druck aufbaut. So muss anfängliches Unbehagen sich gar nicht zu Ärger und Wut steigern.
Das Beispiel von oben: Zunächst versuche ich mich auf die Zeitung zu konzentrieren. Knurrend und brummend beginne ich erstes Unbehagen loszuwerden, sodass ich jetzt noch relativ ruhig dem Partner zu verstehen geben kann: „Das ist für mich ein Überfall. Ich bin mitten im Zeitung lesen …" Worauf der Partner sich entschuldigt: „Tut mir Leid, ich habe nicht aufgepasst." (Vgl. S. 128 ff. )

Haben jedoch die Gefühle schon einen hochwasserverdächtigen Pegelstand erreicht, gilt es rasch zu handeln. Vielleicht lässt sich gerade noch rechtzeitig mit Hilfe eines **Notsignals** das Schlimmste verhindern.

Manche Paare vereinbaren in einer guten Stunde für solche Fälle Signale, die spielerisch anzuwenden sind: Etwa schützend die Hände hochheben, oder: eine Handbewegung, die das Ziehen einer Notbremse andeutet. Nach einer kurzen Verschnaufpause vermag man dann noch mit Worten genauer – und jetzt weniger vorwurfsvoll – festzustellen: „Mir wird das jetzt zu viel." Oder: „Ich fühl' mich von dir bedrängt."

Gelingt das nicht, droht **Aufschaukelung.**

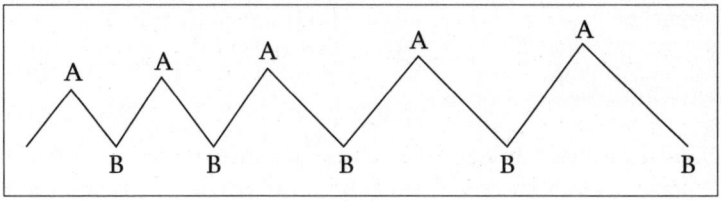

A reagiert auf B, B wieder – heftiger – auf A und so weiter.

Zwei Varianten kommen vor:

• *Der aggressive Teufelskreis*: Jeder Angriff führt zu einem Gegenangriff. Wobei jeder sich als Opfer sieht und aus seiner Sicht lediglich Vergeltungsschläge durchführt.

• Die *Druck-Flucht-Spirale*: Je mehr der eine drängt, desto mehr bunkert sich der andere ein. Auch hier ähnlich: A: „Ich dränge nur, weil du schweigst." B: „Ich schweige nur, weil du so drängst." Das Ganze bekommt auch hier eine Eigendynamik, die schwer zu durchbrechen ist. Wer angefangen hat, lässt sich nicht klären.

*Abb. 18: Wird er flüchten oder zurückschlagen?*

Um eine Eskalation zu vermeiden, müsste man geschickt mit explosivem Gefühlsmaterial umgehen können. Etwa so, wie man eine unter Druck stehende Sektflasche öffnet. Dann würde – richtet man sie zur Seite und hantiert geschickt damit – über ein paar Spritzer und einen kräftigen Knall hinaus – kein größerer Schaden eintreten.

Vor Jahren geriet ich mit meinem Sohn Florian, der ähnlich impulsiv ist wie ich, in einen heftigen Streit, der schließlich in einer kleinen Rangelei endete. Unglücklicherweise handelte er sich dabei eine leichte Zehenprellung ein. Auf der Fahrt ins Krankenhaus waren wir uns beide einig: Ein Weg muss gefunden werden, künftig solche Aufschaukelungen zu vermeiden. Mir kam dann das Bild von der Sektflasche. Und als hilfreiches Ritual gewöhnte ich mir seitdem an, im Streit meinen Gegner nicht mehr anzublicken, sondern im Hin- und Hergehen – ähnlich einem Raubtier im Käfig – meinen Groll auf den Boden zu werfen, so etwas Entspannung zu erzielen, um dann zunehmend gelassener eine Konfliktlösung anzustreben.

Die **Geste des Hinlegens,** Hinwerfens, Ausschüttens meines Ärgers macht den entscheidenden Unterschied aus, auch als deutliche Botschaft: Ich werfe meinen Ärger über dich zwar **vor dich** hin, auf den Boden, aber **nicht auf dich** drauf. Denn ich will dich nicht verletzen, sondern trotz meiner Wut auch bei mir nachschauen und irgendwann zu einer Klärung kommen.

Man braucht also keinesfalls ein unechtes Sanftsein zu praktizieren. Entscheidend ist, wie ich mit dem nun einmal vorhandenen Ärger umgehe.

*Abb. 19*

Gerade in extremen Situationen ist es entscheidend, *bei sich zu bleiben*, statt außer sich zu geraten. So kann man fair sein, trotz seiner Wut! Denn eine deftige Ich-Botschaft ist – lediglich auf den Boden geworfen – zwar verunsichernd und gewöhnungsbedürftig, trotzdem aber nicht verletzend ... und somit zumutbar:

„Ich bin stocksauer" – „Ich find' das zum Kotzen". „Bescheuert!"

Da man unter erheblichem Druck steht, müssen diese Formulierungen so intensiv geübt sein, dass man fast automatisch darüber verfügen kann.

Doch eine echte Ich-Botschaft erschöpft sich auch hier nicht in bloßer Wortwahl, sondern braucht die entsprechende gesamtkörperliche Botschaft. Hier vor allem: den Blick weg vom anderen, eine Körperhaltung, die signalisiert, nicht angreifen zu wollen. Den drohenden Zeigefinger wieder einfahren. Was jedoch nur dann glaubwürdig wirkt, wenn ich innerlich bei meinem eigenen **Grundgefühl** und den begleitenden Körperempfindungen bin. Nicht außer mir, sondern *in und bei mir*.

In dem Beispiel „Auto und Moritz" (vgl. S. 148 ff.):
  *Statt:* „Du bist unverschämt" oder „Rücksichtsloser Kerl" (Etikett)
*besser:* „*Ich bin in Panikstimmung,* weil ich einen wichtigen Termin habe." Oder: „Verdammt, *ist es mir peinlich,* zu spät zu kommen." Oder: „Wenn ich in meiner Bewegungsfreiheit beschnitten werde, *fühl' ich mich wie eingesperrt.* " (Individueller Hintergrundkonflikt)

---

- Ärger nicht ansammeln! Gärverschluss einrichten!
- Notbremse ziehen, um Aufschaukelungen zu stoppen.
- Kurz vor Explosion geschicktes Öffnen der Sektflasche oder Hinwerfen der Wut.

---

## 3. Es muss endlich auf den Tisch – unerledigte Konflikte lösen

Jedes Paar hält irgendwelche Konflikt-Leichen im Keller versteckt, die hochgeholt und beerdigt gehören, will man nicht unnötigerweise wertvolle Energie binden.

Längst *Vergangenes* kann – emotional gesehen – immer noch leidvolle *Gegenwart* sein, auch noch nach Jahren.

– *Paar A*: Als sie sich vor fünfzehn Jahren kennen lernten, hatte er ihr von einer bevorstehenden schwierigen Prüfung erzählt. Beim Abschied will er ein neues Treffen vereinbaren, was sie scherzhaft, aber nicht gerade ermutigend abwehrt: „Warten wir erst mal die Prüfung ab." Diese als herzlos empfundene Bemerkung hat er ihr bis heute nicht verziehen.

– *Frau B*: Sie kommt immer wieder darauf zu sprechen, dass er es unmittelbar vor der Geburt des ersten Kindes vorzog, zu einem Klassen-
treffen zu fahren, statt bei ihr zu bleiben.

Auch längst anstehende Entscheidungen, die ein Paar ewig vor
sich herschiebt, sind Energieräuber und warten darauf, endlich
angegangen zu werden. Falls man es nicht vorzieht, einen guten
Freund oder Fachmann zu bemühen, sollte man hierfür zumindest eine entspannte Atmosphäre schaffen, möglichst außerhalb der gewohnten Umgebung. Als Leitfaden für die einzelnen
Schritte ließe sich folgende Gliederung des Streitverlaufes be-
nutzen (gelegentlich komme ich dabei auf das erwähnte Beispiel mit Paar A zurück):

## Stationen fairen Streitens

### 1. Vorarbeit im Selbstgespräch
Im lauten Selbstgespräch sortiere jeder vor, welche Gefühle
bei dem Thema hochkommen. Was befürchte ich auf das Gespräch hin? Wie könnte der Partner reagieren? Was könnte bei
mir ablaufen?
### 2. Streitbeginn
Jeder überprüft nochmals, ob er schon zu dem Gespräch be-
reit ist.
– Wie geht es jedem im Augenblick? (Blitzlicht)
– Einleitung: Jeder schreibt auf einen Zettel seine Erwartung
  an das Gespräch und legt ihn vor dem andern auf den Boden.
### 3. Gefühle im Zusammenhang mit dem Thema aussprechen
Auf einen neuen Zettel schreiben, etwa: „Ich bin enttäuscht,
ich bin traurig, ich bin verärgert ... (Er: „Ich hatte Angst vor der
Prüfung, hätte Ermutigung gebraucht, fühlte mich von dir im
Stich gelassen." Sie: „Ich fühlte mich von dir bedrängt.")
Bei starken Gefühlen darauf achten, dass kein Vorwurf ent-
steht! (Nicht so: Er: „Du warst ziemlich lieblos damals.")
### 4. Gemeinsames Bemühen um Verstehen des Konflikts
Statt einer verkopften Diskussion und Analyse sollte jeder
seine Sicht wieder auf den Boden legen. (Er: Ich denke, dass
mich deine Bemerkung deshalb so verletzt hat, weil ich ein auf-

munterndes Wort gebraucht hätte." Sie: „Ich glaube, ich wollte mich schützen, mir ging das alles zu schnell. Vielleicht hatte ich Angst, in eine Helferrolle hineinzugeraten. Dem wollte ich wohl gleich einen Riegel vorschieben.")

Weiter klären: Kennt jeder solche Muster von früher? Und inwieweit ist das auch heute noch ein Beziehungsthema?

5. *Gemeinsame Überlegungen zur Veränderung*

Inwieweit ergeben sich jetzt Aufgaben für jeden, die weiterführen?

*(Er* könnte etwa darauf achten, künftig weniger drängend zu sein.

*Sie* müsste vielleicht lernen, sich offener und klarer einzubringen, statt – wie damals – nur indirekt und missverständlich.)

6. *Streitbeendigung?*

Beide könnten nachsehen, ob noch etwas offen blieb. – Dann gegenseitige Rückmeldung, wie jeder den anderen erlebte. Ist noch ein Nachgefecht nötig?

7. *Versöhnung*

Man könnte Rituale praktizieren, die einen Neubeginn markieren. Etwa ein schönes gemeinsames Erlebnis suchen, wie: bei einem Glas Wein die Versöhnung begießen.

8. *Gelegentliche Nachlese*

Zu einem späteren Zeitpunkt könnten beide überprüfen, ob noch Reste der alten Irritation blieben. Vor allem aber: Haben beide aus dem Ganzen gelernt und die geplante Veränderung auch in Angriff genommen?

*Ein solcher unerledigter Konflikt ist nicht einfach „Schnee von gestern", sollte nicht weiter verdrängt bleiben. Das Aufarbeiten kann der gemeinsamen Entwicklung neue Impulse geben.*

Damit sind wir am Ende unserer Reise durch die verschiedenen Landschaften des partnerschaftlichen Gesprächs angelangt.

Ich freue mich, wenn *Sie* einiges davon ausprobiert und gute Erfahrungen damit gemacht haben. Immer dann aber, wenn zu große Blockaden auftauchen, die mit der eigenen Kindheit zusammenhängen, sollte man fachliche Hilfe in Anspruch nehmen. Das ist mittlerweile etwas völlig Selbstverständliches geworden. *Sie* werden ja im Normalfall auch nicht Ihr Auto selber reparieren, sondern es zur Werkstatt bringen. Allerdings hinkt hier der Vergleich. Anders als beim Auto werden Sie Ihren „Öl-wechsel" selber vornehmen müssen – mit Unterstützung des „Psychomechanikers".

Im nächsten Kapitel stelle ich einige Möglichkeiten in dieser Richtung vor.

# X. Ehe-, Partnerschafts- und Lebensberatung

Immer wieder habe ich zwischendurch angeregt, sich in bestimmten schwierigen Situationen psychologische Hilfe zu holen. Im Folgenden finden Sie weitere Informationen, die meine persönlichen Erfahrungen aus knapp dreißig Jahren Beratungstätigkeit in der „Ehe-, Partnerschafts- und Familienberatung München" widerspiegeln.

Am Ende des Kapitels sind noch hilfreiche Anschriften und Telefonnummern aufgelistet.

**Wer geht zur Ehe- und Partnerberatung?**

Psychologisch-fachliche Hilfe wird gesucht von Personen in einer schwierigen Ehe-, Familien und Lebenssituation.

- Heiratswillige Paare wollen ihre Entscheidung nochmals überprüfen und für Probleme besser gerüstet sein.
- Junge Paare möchten lernen, die im Alltag auftauchenden Konflikte besser zu bewältigen.
- In konkreten Krisen wird Hilfe gesucht, z.B. bei den Themen: Loslösung von der Herkunftsfamilie, Veränderungen in der Paarbeziehung durch ein Kind, die Außenbeziehung eines Partners u.a.
- Wenn mindestens einer bereits ernsthaft an Trennung denkt, wird Hilfe bei der Entscheidung gesucht, u.a. auch dadurch, dass ein letzter Versuch unternommen wird, die Beziehung zu retten.
- Mindestens ein Partner ist bereits zur Trennung entschlossen. Die Beratung soll zu einem fairen Auseinandergehen beitragen, aber auch zu einer guten Zusammenarbeit auf der Elternebene zum Wohl der Kinder.
- Nach Trennung und Scheidung: Hilfe beim Aufarbeiten der Trennung und bei der Bewältigung der neuen Situation.

Insofern auch **Lebensberatung** angeboten wird, können Allein-
stehende kommen, die sich in einer schwierigen Lebenssituation befinden, etwa im Zusammenhang mit folgenden Problemen: Verlust eines Partners oder Angehörigen, Ängste bei
schwierigen Entscheidungen, Überfordertsein durch die Lebens-
umstände, Schwierigkeiten im sozialen Kontakt, Klärung von
Sinnfragen u. a.

**Was bieten psychologische Berater an?**

- Wir nehmen uns viel Zeit für den Klienten, sodass er zunächst einfach mal über seine Sorgen reden kann.
  Absolute Verschwiegenheit ist garantiert.
- Wir helfen mit, eine aufgeschaukelte Partnersituation ein wenig zu entspannen und wieder Gespräch entstehen zu lassen.
- Wir tragen zur Klärung bei: Wie kam es zu der Krise? Welches
  eigentliche Problem steckt hinter einer vordergründigen Klage?
  Was hat jeder zum Problem beigetragen? Welche Lösungswege
  bieten sich an?
- Wir helfen den Klienten, neue Erfahrungen miteinander zu
  gewinnen. Aktuelle Konflikte werden bereits in der Beratung
  auf konstruktive Weise ausgetragen.
- Gemeinsam mit den Ratsuchenden besprechen wir Möglichkeiten, den Alltag befriedigender zu gestalten, z. B. im Sinne
  fairer Zusammenarbeit, mehr Gemeinsamkeit, befriedigender
  Sexualität u. a.
- Wir informieren über weiterführende Hilfen, die bestimmte
  Entwicklungs- und Lernziele voranbringen könnten: Psychotherapie, Selbsterfahrungsgruppen, Kommunikationstrainings
  u. a.

Insgesamt läuft Beratung darauf hinaus, dass Ratsuchende
zwar über die mitgebrachten Probleme reden können, um sie
besser zu verstehen, darüber hinaus aber auch im Alltag neue
Wege gehen, um herauszufinden, was veränderbar ist und was
nicht.

Häufig werden gemeinsame Sitzungen ergänzt durch Einzel-
termine für jeden der beiden Partner, damit so jeder auch für den
eigenen Weg mehr Klarheit gewinnt.

## Methodisches Vorgehen in der Beratung

Die Berater sind durch eine vierjährige Ausbildung zum Ehe- und Lebensberater qualifiziert. Viele besitzen einen Hochschulabschluss in Psychologie oder in anderen Sozialwissenschaften sowie Zusatzausbildungen in Psychotherapie.

Wie heute allgemein üblich, gehen die Berater „integrativ" vor, d.h. es werden Methoden aus verschiedenen psychologischen Schulrichtungen sinnvoll miteinander kombiniert. Auf folgende Schulrichtungen wird dabei zurückgegriffen:

– Verhaltenstherapie (z.B. kognitive Verhaltensmodifikation)
– Tiefenpsychologie (z.B. Psychoanalyse, Psycho-Kinesiologie)
– Systemische Psychologie (z.B. Familientherapie)
– Humanistische Psychologie (z.B. Gestalttherapie)
– Transpersonale Psychologie (z.B. Meditation i.S. von Bewusstseinserweiterung)

## Weitere Informationen

– Jeder Ratsuchende kann – unabhängig von Konfession oder Weltanschauung, ob ledig, verheiratet, getrennt lebend oder geschieden – die Beratung in Anspruch nehmen.
– Absolute Diskretion ist gegeben.
– Die Beratung erfolgt kostenlos. Freiwillige Spenden sind jedoch erwünscht.

**Auskünfte** sind erhältlich an folgenden Stellen:

### Beratung
• Katholische Bundesarbeitsgemeinschaft für Beratung e.V., – Ehe, Familien- und Lebensberatung, Kaiserstr. 163, 53111 Bonn, Tel. O228/l031
• Evangelische Konferenz für Familien- und Lebensberatung e.V., Kurfürstenstr. 49, 12105 Berlin, Tel. 030/7055884
• Pro Familia – Deutsche Gesellschaft für Familienplanung, Sexualpädagogik und Sexualberatung e.V., Stresemannallee 3, 60596 Frankfurt , Tel. 069/639002

### *Trainings in Paarkommunikation*
- EPL (Kurs für junge Paare zur Ehevorbereitung)
- KOMKOM und KEK (Trainings zusätzlich zur Beratung)
Auskunft über:

- Ehe-, Partnerschafts- und Familienberatung München e.V., Rückertstraße 9, 80336 München, Tel. 089/544311-0 in Verbindung mit
- Institut für Forschung und Ausbildung in Kommunikationstherapie, Tel. 089/544311-24

# Anmerkungen

[1] Beck/Beck-Gernsheim, Das ganz normale Chaos der Liebe, Frankfurt a.M. 1990, 86.

[2] Ebd., 85.

[3] A. u. B. Pease, Warum Männer nicht zuhören und Frauen schlecht einparken, München 2001.

[4] Doktor Erich Kästners Lyrische Hausapotheke, München 2001, 6l.

[5] Zitiert nach A. Guggenbühl-Craig, Die Ehe ist tot, lang lebe die Ehe, Zürich 1976, 34ff.

[6] M. Scott Peck, Der wunderbare Weg, München 1997, 167.

[7] S. Keen, Feuer im Bauch, Bergisch Gladbach 1992, 26ff.

[8] E. Fromm, Die Kunst des Liebens, Berlin 1970, 67.

[9] J. Willi, Ko-Evolution, Reinbek 1994, 39ff.

[10] Zitiert nach Beck/Beck-Gernsheim, a.a.O., 76.

[11] Vgl. E. Drewermann, Psychoanalyse und Moraltheologie.

[12] R. M. Rilke, Die Weise von Liebe und Tod des Cornet Christoph Rilke, Frankfurt a. M., 21.

[13] J. Willi, Ko-Evolution, a.a.O., 61ff.

[14] E. A. Stadter, Ich will dir sagen, was ich fühle, Freiburg 1996, 168.

[15] A. de Saint-Exupéry, Die Stadt in der Wüste, Düsseldorf 1962, 149.

[16] J. Willi, Die Zweierbeziehung, Reinbek 1975.

[17] Vgl. H. Wolff, Jesus der Mann, Stuttgart 1979, 50ff.

[18] Zitiert nach W. Schmidbauer, Wie bleibt man lebenslang treu?, in: Chrismon, Februar 2002, 40/41

[19] A. Guggenbühl-Craig, Die Ehe ist tot …, a.a.O., 57.

[20] Ebd., 131

[21] M. Scott Peck, Der wunderbare Weg, a.a.O., 110

[22] Zitiert nach H. Tiwald, Psycho-Training im Kampf- und Budo-Sport, Ahrensburg 1981, 30.

[23] F. Fischaleck, Bevor die Fetzen fliegen, Freiburg 1995 (früher: Faires Streiten in der Ehe, Freiburg 1981) vergriffen.

[24] Zitiert nach N. u. G. O'Neill, Die offene Ehe, Hamburg 1975.

[25] M. Emoto, Wasserkristalle, Burgrain 2002.

[26] K. Gibran, Der Prophet, Düsseldorf 1973, 21.

[27] J. Willi, Die Zweierbeziehung, a.a.O., 15ff.

[28] H. E. Richter, Eltern, Kind und Neurose, Hamburg 1967.

[29] R. M. Rilke, Gesammelte Gedichte, Frankfurt a.M. 1962, 410.

[30] Zitiert nach P. K. Pearsall, Aloha, die Lust am Leben, Freiburg 2000.

[31] A. de Saint-Exupéry, Der kleine Prinz, Düsseldorf, 50/51.

32  M. Clynes, Auf den Spuren der Emotionen, 1996, 270.

33  Zitiert nach M. Scott Peck, Der wunderbare Weg, a.a.O., 151

34  Zitiert nach H. Meyer, Die neue Sinnlichkeit, München 1985.

35  U. Bucher, Der Traum vom großen Glück, München 1992, 52ff.

36  M. L. Moeller, Die Liebe ist das Kind der Freiheit, Hamburg 1986, 101ff.

37  Vgl. M. Chia, Tao Yoga der Liebe, Interlaken 1985.

38  Vgl. A. Guggenbühl-Craig, Die Ehe ist tot, …, a.a.O., 85ff.

39  J. Willi, Die Zweierbeziehung, a.a.O., 31ff.

40  Ebd., 194ff.

41  Zitiert nach H. Zuber, Liebe – Treue und Untreue, Zürich 1973.

42  Ebd., 67ff.

43  E. Fromm, Haben oder Sein, Stuttgart 1976.

44  Vgl. E. Drewermann, Psychoanalyse und Moraltheologie, Bd. II, Wege und Umwege der Liebe, Mainz 1983, 79ff. Vgl. auch H. Frisch, Ehe?, Frankfurt a.M. 1987, 153ff.

45  E. A. Stadter, in: A. und K. H. Mandel u.a., Einübung in Partnerschaft, München 1971, 391.

46  Auszugsweise zitiert nach D. Keel, Das Ringelnatz-Lesebuch, Zürich 1984, 238.

47  E. A. Stadter, in: A. u. K. H. Mandel u. a., Einübung in Partnerschaft, a.a.O., 385.

48  N. u. G. O'Neill, Die offene Ehe, a.a.O., 62/63.

49  Zitiert nach D. Goleman, Emotionale Intelligenz, München 1997, 54.

50  Vgl. F. Schulz von Thun, Miteinander reden, Bd. III, Reinbek 1999, 13ff.

51  D. Goleman, Emotionale Intelligenz, a.a.O., 32ff.

52  E. A. Stadter, Ich will dir sagen, was ich fühle, a.a.O., 182ff.

53  M. Emoto, Wasserkristalle, a.a.O.

54  St. Wolinsky, Quantenbewusstsein, Freiburg 1996.

55  E. A. Stadter, Ich will dir sagen, was ich fühle, a.a.O., 182ff.

56  R. Z. Shafir, Zen in der Kunst des Zuhörens, München 2001, 74.

57  Zitiert nach M. L. Moeller, Die Wahrheit beginnt zu zweit, Hamburg 1989.

58  Vgl. F. Schulz von Thun, Miteinander reden, a.a.O.

59  Vgl. D. Schwartz, Gefühle erkennen und positiv beeinflussen, Landsberg 1997.

60  Vgl. L. Schwäbisch, M. Siems, Anleitung zum sozialen Lernen für Paare, Gruppen und Einzelne, Reinbek 1974, 86ff.

61  F. Fischaleck, Bevor die Fetzen fliegen, a.a.O.

# Dank

In erster Linie möchte ich mich bei Ellis, meiner Frau, dafür bedanken, dass sie in der Zeit des Schreibens meine Launen, eine beträchtliche Unordnung und meine ständigen Bitten um Rückmeldung ausgehalten hat. Sehr hilfreich war für mich die ehrliche und wohlwollende Kritik von Freunden und Kollegen, von denen ich vor allem Marietta, Anderl, Angelika und Manfred, sowie Egon, Philipp, Anjeli, Klaus, ernst und Hanni nennen möchte.

In einem sehr weiten Sinne zu Dank verpflichtet fühle ich mich Menschen, die oft indirekt zu meiner persönlichen und beruflichen Entwicklung beitrugen.

Alexander Lowen war mir vor vielen Jahren ein Modell für „liebevolle Konfrontation". – Carole Gammer lebte mir vor, wie man als Therapeut bei allem Engagement für Klienten auch in guter und angemessener Weise für sich selbst sorgen darf. – Siegrit Salkowitz, meine Ausbilderin in Körperarbeit, die ihre Behandlungen mit traumhafter Leichtigkeit durchführte, ließ mich ahnen, dass Arbeit die Qualität des Tanzes haben kann. – In jüngster Zeit erlebte ich an Dietrich Klinghardt, dem Begründer der Psycho-Kinesiologie, wie Neugier, Lebensfreude und Sachkompetenz zu einer faszinierenden Einheit verschmelzen.

Abschließend möchte ich hervorheben, dass ich in all den Jahren meiner Berufstätigkeit in verschiedenen Beratungsstellen der Erzdiözese München und Freising stets wohltuende Toleranz bei Mitarbeitern und Verantwortlichen erlebte. Mein ausdrücklicher Dank gilt Dr. Robert Simon, dem heutigen Generalvikar und den Leitern der Münchner Eheberatung, Hans Rosenthal und Volker Eckert.

# Ausgewählte Literatur

Bucher, U., Der Traum vom großen Glück, München, 3. Aufl. 1999.

Engl, J., Thurmaier, F., Wie redest du mit mir? Freiburg, 9. Aufl. 2002.

Fischaleck, F., Bevor die Fetzen fliegen, Freiburg 1995, vergriffen.

Frisch, H., Ehe? Frankfurt a. M. 1987, vergriffen.

Fromm, E., Die Kunst des Liebens, Berlin 1970.

Fromm, E., Haben oder Sein, Stuttgart 1976.

Goleman, D., Emotionale Intelligenz, München 1996.

Hendricks, G. u. K., Liebe macht stark, München, 1992.

Keen, S., Feuer im Bauch, Bergisch Gladbach, 2. Aufl. 2001.

Moeller, M. L., Die Wahrheit beginnt zu zweit, Reinbek, 19. Aufl. 2002.

Moeller, M. L., Die Liebe ist das Kind der Freiheit, Hamburg 2002.

Meyer, H., Die neue Sinnlichkeit, München 1997.

O'Neill, N. u. G., Die offene Ehe, Hamburg 1975, vergriffen.

Peck, M. Scott, Der wunderbare Weg, München 1996.

Richter, H. E., Eltern, Kind und Neurose, Reinbek, 3. Auf. 1972.

Schulz von Thun, F., Miteinander reden, Bd. 1–3, Reinbek 2001, 1995, 1999.

Schwäbisch, L., Siems, M., Anleitung zum sozialen Lernen für Paare, Gruppen und Erzieher, Reinbek 2001.

Stadter, E. A., Ich will dir sagen, was ich fühle, Freiburg 1996, aktualis. Neuausg. In Vorbereitung.

Willi, J., Ko-Evolution, Reinbek 2000.

Wolinsky, St., Quantenbewusstsein, Freiburg 1994.

# Partnerschaft

Shmuley Boteach
**Koscherer Sex**
Ein Leitfaden für Leidenschaft und Intimität
Band 5323

„Mit Witz, Verve und warmem Herzen geschrieben" (Die Welt). Der US-Bestseller. „Intelligent, im Zeittrend und aus der Tiefe einer großen spirituellen Tradition" (C. Quarch).

Otto Brink
**Spielregeln der Partnerschaft**
Vorwort von Bert Hellinger
Band 5109

Für eine gelingende Partnerschaft sind bestimmte Grundhaltungen wichtig. Erkenntnisse, damit es gar nicht erst zu Krisen kommt.

Catherine Cardinal
**10 Gebote für glückliche Paare**
Band 5319

10 Dinge gibt es, die Paare wissen sollten. Klare Regeln machen das Leben leichter, wenn es in der Beziehung mal brodelt.

Joachim Engl/Franz Thurmaier
**Wie redest du mit mir?**
Fehler und Möglichkeiten in der Paarkommunikation
Band 4887

Wie man – statt in Vorwürfen steckenzubleiben – richtig spricht und zuhört, Gefühle und Wünsche ausdrückt, Probleme in konstruktiver Weise löst.

Hans Jellouschek
**Wie Partnerschaft gelingt – Spielregeln der Liebe**
Beziehungskrisen sind Entwicklungschancen
Band 5134

Was jeder tun kann, um die eigene Partnerschaft auf Dauer lebendig zu halten und Krisen als Chance zur Vertiefung der Beziehung zu erleben.

**HERDER spektrum**

Jiddu Krishnamurti
**Jenseits der Bilder und Worte**
Beziehungen verstehen und verwandeln
Band 5321

Wie kann man mit anderen leben, ohne abhängig zu sein oder Besitz zu ergreifen? Krishnamurti zeigt meisterlich: Beziehung ist ein Prozess der tiefen Selbsterkenntnis.

Karlheinz Moosig
**Streiten – aber fair**
Konflikte gut und konstruktiv lösen
Band 5292

Keine Angst vor Streit! Fairer Streit verbindet, er kann sogar Spaß machen und zu guten Lösungen führen. Ein praktischer Grundkurs für den Alltag.

Ernst Andreas Stadter
**Ich will dir sagen, was ich fühle**
Emotionale Kompetenz in Beziehungen
Band 5317

So kann es jedem gelingen in glücklichen Beziehungen zu leben. Eine praktische Einführung in die Kunst der sozialen Kompetenz.

Richard J. Stenack
**Hör auf, mich zu kontrollieren!**
Selbstbestimmung in der Partnerschaft
Band 5299

Dem anderen nahe und sich selbst treu sein. Der Leitfaden auf dem Weg zu einer ausgeglichenen, gleichberechtigten Beziehung.

Erich H. Witte/Helga Wallschlag
**Die fünf Säulen der Liebe**
Wie Paare glücklich bleiben
Band 5517

Die Autoren haben langjährige Paare befragt und zeigen, was man tun kann, um das Glück stabil zu halten.

**HERDER** spektrum